大学改革支援・学位授与機構
高等教育質保証シリーズ

グローバル人材教育と
その質保証

高等教育機関の課題

独立行政法人
大学改革支援・学位授与機構

編著

ぎょうせい

まえがき

　グローバリゼーションが、地球規模での相互理解・依存の深まりを意味していることは共通の理解となっています。1990年代以降、市場、情報、環境のボーダレス化が急速に進むことによって、「グローバル化」という言葉が、日常的に使われるようになりました。一方で、今日の国際社会では、各国や各地域の間で、政治、経済、社会、文化等のあらゆる面において熾烈な競争が繰り広げられています。「知識社会」という言葉で象徴されるように、人や情報が自由に国境を越えてしまう現在では、多種多様な情報をいかに活用できるかが、国や地域のみならず組織や個人の国際競争力を規定してしまいます。

　このような情勢の中で、高等教育機関における教育研究に対する期待が高まっています。すなわち、教育をとおして高度な知識や技能を身につけた人材を育成したり、研究をとおして科学技術の発展を図ることの重要性が強く認識されています。グローバル化とは、統一的な基準に、すべてを当てはめようとするものではないことに留意する必要があります。それぞれの国・地域や教育機関には、培ってきた固有の伝統や習慣があります。これらの伝統や習慣は大切にしながらも、異質な要素を導入することによって多様化を図り、お互いの切磋琢磨によって、それぞれの発展を図ることが求められています。

　大学改革支援・学位授与機構（National Institution for Academic Degrees and Quality Enhancement of Higher Education, NIAD-QE、以下「機構」と略します。）は、1991年（平成3年）に学位授与機構として設置され、大学評価・学位授与機構への改組（2000年）、独立行政法人化（2004年）を経て、2016年（平成28年）に独立行政法人国立大学財務・経営センターと統合しました。

　機構は、大学評価・学位授与機構の発足以来、評価事業および学位授与事業をつうじて、大学等の教育研究水準の向上に資するとともに、高等教育段階における多様な学修の成果が適切に評価される社会の実現を図り、わが国

の高等教育の発展に貢献する活動を進めてきました。このように評価事業を遂行するだけではなく、社会全体に「評価文化」の醸成・定着を図る役割も担ってきました。機構はいくつかの活動を定期的に行ってきましたが、大学評価・学位授与機構大学評価シリーズの発刊は、重要な活動の一つであり、2006年以来全6巻となりました。

　現代社会のグローバル化・国際化が急速に進んでおり、グローバル人材教育が高等教育機関に求められている喫緊の課題です。機構が10年余にわたって実施してきた評価事業をつうじて、明らかになってきた高等教育機関の課題、教育研究の質保証のあり方等について、本書では議論を進めたいと思います。すなわち、「高等教育機関に求められる質は何か？」「高等教育機関は質向上のために何をしなければならないか？」「質保証とはどのような内容か？」「第三者質保証機関の役割は何か？」等のテーマを議論しつつ、グローバル人材教育のあり方とその質保証について解説します。

　2017年3月

独立行政法人　大学改革支援・学位授与機構
顧問・名誉教授　　川　口　昭　彦

目　　次

第一部

高等教育機関の
「自律」、「自覚」そして「自信」

　グローバル化や高度情報化が急速に進み、社会構造が大きく変わりつつあります。しかも社会情勢がめまぐるしく変化して、課題も複雑化していくとともに、職業のあり方や働き方、個人の価値観や考え方等も多様化しています。このため、世界は新しい「知」を渇望しており、21世紀は知識社会といわれています。高等教育はユニバーサル段階に達して、高等教育を受けた多数の若者が社会で活躍するようになり、世界の各国で職業教育を含めた高等教育に対する期待が高まっています。

　高等教育機関における知の創造、継承あるいは発信が、社会にとって必要不可欠であり、国際社会や国の存亡にも関わっています。高等教育は、個人の人格形成の上でも、社会・経済・文化の発展・振興や国際競争力の確保等の国家戦略の上でも、きわめて重要です。世界各国が推進している高等教育改革の動向は、国際社会における日本の地位や存在感をも左右しかねない状況になっています。

　高等教育には多様性と標準性が求められます。社会の多様なニーズに応える教育研究を提供するとともに、教育機関としての一定の水準を維持することが肝要です。一定の水準を維持した上で、各機関は、単に社会に迎合するのではなく、教育研究について自らの理念をもち、その理念を実現していくための目標を明確にすることが不可欠です（**自律**）。そして、目標として掲げた成果（アウトカムズ）が得られているかを絶えず点検しながら、期待した水準が維持されているかを評価しつつ、諸活動の質改善・向上に努めなければなりません（**自覚**）。高等教育機関に対して、現在、さまざまな提言、意見、批判、要望等が寄せられています。これらに対応して、次世代を視界に入れた教育研究を**自信**をもって行い、その成果が社会の発展に寄与していることを**自信**をもって発信することが重要です。それぞれの国・地域や組織が培ってきた固有の伝統や習慣を基盤とした、個性的かつ多様な教育研究が、価値観の変化・多様化が急速に進む21世紀の社会では求められています。

第1章

自律：高等教育機関がもつべき三つの「A」

　高等教育機関は、いつの時代でも、三つの「A」をもっていなければなりません。それらは、① Autonomy（自律）、② Academic freedom（教育研究の自由）、③ Accountability（説明責任）です。高等教育機関が、「知」の創造、継承、発展によって、社会に貢献するためには、これら三つの「A」が不可欠であることは、すでに大学評価・学位授与機構大学評価シリーズ[1]で議論しました。本書でも再度これらに言及したいと思います。三つの「A」のうち、Accountability については、第三部第2章（p.106）でも議論しますので、ここでは Autonomy と Academic freedom を中心に議論します。

第1節　「近代大学」ベルリン大学の発足

　高等教育機関の「自律」を議論するためには、「近代大学」の始まりと一般的にいわれているベルリン大学（現在、フンボルト大学）の創設（19世紀初頭）に言及しなければなりません。18世紀末までの大学は、ほとんどの場合、土地、荘園等を教会、王家、あるいは国家から与えられ、そこから生じる収入で運営費を賄っていました。このように独自の財産をもっていた大学が陥りやすい欠点は、外部からの規制や点検が入らないことでした。独自の財源で運営されているために、いくら教育の質が低下しても、あるいは不正が行われても、それを外部からチェック・矯正する機能が働かなくなっていました。大学の活動が低下しても、大学独自の財源がある限り、教員には給与が支払われ続け、大学がギルド化し、外部からのチェックが効かず、自己浄化機能も働かず、自己防衛的な組織になってしまっていたわけです。このため、18世紀末の大学は沈滞しており、皮肉なことに、「大学の自治」が大学の腐敗の原因にもなっていたのです。

　そこで、従来の大学とは全く異なった原理で新しい大学を設立することが求められました[2]。この理念を練ったのがフンボルト兄弟で、ベルリン大学

はフンボルト理念に基づいて創設されました。フンボルト理念の特徴は、表
1−1のようにまとめられます。ここでは、これらの特徴のうち、⑥および
⑦を中心に議論します。

表1-1　フンボルト理念の特徴

①	研究と教育の統一
②	さまざまな学問の統合
③	研究の重視
④	高度な教育が人格の陶冶につながるという信念
⑤	学術、科学、人間形成を政府の責任事項として強調
⑥	大学の運営に要する経費を国庫から支出する「国営大学」
⑦	教授の選考を学部教授会に任せず、国家行政機構のもとに置く

潮木守一[(2)]から引用

　18世紀頃までは、特定の土地や所領を与えて、特定の身分や立場を保障す
る方法は、中世、近世の社会では至極一般的なことでした。しかしながら、
ベルリン大学には、このような固定資産は与えられない代わりに、国庫から
毎年支出される予算で賄われる方式が採用されたわけです。すなわち、財政
的独立性をもたずに、国家予算に依存することによってのみ存続する大学が
出現しました。

　大学が独自の財政基盤をもたないことと「大学の自治」は、カウンター
パートとして重要であり、「大学の自治」はフンボルト理念の特徴の一つで
もあります。フンボルトは、「国家は大学に介入すべきではない。それは学
問研究にとって有害である。」と述べています。この言葉が、大学に対する
国家統制に対する防御のために、しばしば引用されたことは周知のとおりで
す。ところが、彼は「大学が一旦できあがると、ある特定の考え方に固執し
て、それ以外の考え方をもつ者が入ることを妨げる傾向がある。」ともいっ
ています。すなわち、大学が閉鎖的な仲間内の独善に陥ることに対する警告
も発していたのです。要するに、フンボルトの構想は、教授選考を教授会に
は渡さず、国家の手に確保しておいた上で、日常的な管理運営については、
国家はあまり干渉しないで、大学に任せておけばよいということでした。

　現代においても、この「フンボルト理念」のもとに「大学の自治」が主張
されてきましたが、これが、閉鎖的な仲間内だけの独善とつながる傾向が

あったことは否定できません。大学は、そこに勤める教職員だけのものではなく、在学する学生だけのものでもありません。大学のステークホルダー（利害関係者）は非常に多様です（表1-2）。学生やその家族、入学志願者やその家族、将来の学生の雇用者、教職員等が教育研究に関する主な関係者でしょう。高等教育政策が重要視されている現状では、政策策定者も関係者となります。大学は、さまざまなステークホルダーの期待を実現するための機関です。これまで、教職員だけの利害によって大学運営が進められた場面があったかもしれませんが、大学に与えられているのは、無条件の自治ではなく、ステークホルダーから「委託された自治」と考えなければなりません。

表1-2　高等教育のステークホルダー（利害関係者）

- ・学生やその保護者
- ・志願者やその保護者
- ・卒業生・修了生およびそれらの雇用者
- ・教職員や学校経営者
- ・政策策定者、行政担当者、納税者
- ・地域や住民、学界関係者
- ・債権者、納入業者、篤志家等

　20世紀の近代大学は、「フンボルト型自治」に支えられて発展してきました。フンボルトがベルリン大学を構想した当時と、現在では大学の位置づけや役割は大きく変化しています。20世紀中頃までの大学は、少数精鋭のエリート養成を前提としていましたが、現在は、大学を含めた高等教育機関は、いわゆる「ユニバーサル化」しています[3]。さらに、1990年代から「第三者による高等教育評価」が国際的な流れとなり、今や、この流れが完全に定着しています。このような社会的環境の変化に対応して、高等教育機関のあり方や役割を明確にすることが、本書の議論を進めるために必要です。

　筆者は、国際連合教育科学文化機関（UNESCO）や経済協力開発機構（OECD）が開催する高等教育評価の国際会議に出席する機会がありました。これらの会議で、「今や、フンボルト理念は現在の大学にはつうじない。」という人もいますが、筆者は決してそうは思いません。高等教育機関は、いつの時代も三つの「A」を備えていなければなりません。もちろん、21世紀の社会がフンボルトの時代とは異なっているわけですから、現代社会環境と整

合性のある理論構築が求められることは当然です。とくに、20世紀末頃から21世紀にかけて、教育を含めた社会全体のパラダイム・シフトにともなって、高等教育機関の役割や社会が期待する内容が大きく変化しています。

第2節　21世紀の高等教育機関の自律

　高等教育機関に Autonomy が必要ないとは決していっているわけではありません。強調したいのは、フンボルト理念が練られた時代から Autonomy の質が変化していることです。このような観点から、和訳として「自治」の替わりに「自律」を以後使用します。今や、社会に開かれた自律こそが、これからの高等教育機関に求められている「自治」なのです（コラム1-1）。本来の「フンボルト型自治」でも、大学に無条件に与えられたものではなく、社会から「委託された自治」であったことは、上述のとおりフンボルト自身が指摘していたところです。

> ### コラム1-1
>
> 　21世紀の高等教育機関は、
> 「屹立した高さ」を誇示するのではなく、「開かれた濃密さ」によって、
> 新しい「知」の創造、継承、発展に貢献しなければならない。

　「フンボルト型自治」に支えられて発展してきた20世紀前半までの近代大学は、少数精鋭のエリート教育を前提としていました。すなわち、20世紀の大学は「屹立する高さ」を誇示し、そこから産み出された「知」が、社会の発展に多大な貢献をしました。しかしながら、20世紀後半からの大学拡張政策によって、わが国の大学は、いわゆる「マス化」さらに「ユニバーサル化」しました[3]。高等教育機関も、大学院、大学、短期大学、高等専門学校、専修学校等、非常に多様となっています。今や、これらの高等教育機関への進学率は、18歳人口の約8割[4]に達していますから、高等教育機関は、将来の社会を支える若者を育成するという重大な責任を負っています。

　現在の社会の進歩・変化は加速度的に速くなっており、これに対応して貢献できる人材を育成することが、高等教育機関の責務となっています。すな

わち、21世紀の高等教育機関には「開かれた濃密さ」が求められています。「開かれた」とは、社会に対して機関の現状や社会のニーズに応えるための努力を絶えず発信することです。「濃密さ」とは、それぞれの機関がもつべき個性であり、卓越性でもあります。この「開かれた濃密さ」を担保するものが「評価文化」です。ポスト近代大学は、「屹立する高さ」を誇示するのではなく、「開かれた濃密さ」を前面に出すために、評価文化を基礎として、多様な「知」の創造、継承、そして発展に貢献しなければなりません。評価文化を基礎とした「自律」が、高等教育機関に求められます。

　Academic freedom についても、同様のことがいえます。機関構成員の「勝手気ままな」教育研究を行うのではなく、国家統制をはじめとする現代社会の束縛から解放されて、将来社会の方向性を見据えて、確固たる理念をもって将来を担う若者に対する教育研究を遂行することが求められています。日進月歩の現代では、「すぐに役立つ」ことは、必ずしも「継続的に役立つ」ことにはならない場合が多くあります。「すぐに役立つ」ということばかりが取り上げられ、高等教育機関が安易にそれだけを追求することは、自らの存在意義を否定するようなものです。

　近年、高等教育機関の機能として、教育、研究に加えて社会貢献が三本柱として掲げられています。また、専修学校等の職業教育においては、社会との連携が重要であることはいうまでもありません。このように「社会に開かれ」かつ「濃密な質」を備えた高等教育が渇望されているのです。すなわち、新しい知の創造が世界全体で求められている中で、高等教育への要求や期待が社会的に高まっています。絶えず変化する社会環境に対応して、取り組むべき課題を積極的に発掘し、その課題に果敢に挑戦していく人材を育成していくことを高等教育機関に強く求めており、21世紀の社会は、それを必要としています。

第3節　「自律」を担保する理念

　それぞれの高等教育機関の「自律」を担保するのが、理念と質保証です。Academic freedom も Accountability も理念や質保証なくしては意味をも

ちえません。 したがって、 三つのＡのうち Autonomy が重要であり、 Autonomy があってこその Academic freedom、Accountability であるといえます。

　質保証に関しては、第２章（p.13）で言及しますので、ここでは理念（使命や理想像等）について議論します。各機関が自律しているための必要条件の第一は、それぞれの教育研究に関する理念を明確に定め、社会に向けて公表していることです（コラム１-２）。

コラム１-２

高等教育機関の「自律」の第一条件は、
教育研究等の活動に関して明確な「使命・理想像」を定め公開することである。

　各教育機関が自律性を発揮して、社会に貢献するための前提として、それぞれの機関や各組織の使命、理想像、目的が明確になり、構成員で共有されている必要があります（図１-１）。各機関ごとに固有の使命・理想像・目的・目標の階層構造が重要なことは、すでに大学評価シリーズ[5]でも議論しましたが、ここで改めて復習したいと思います。

　基本的使命とは、教育機関がもつべき共通の使命であり、教育基本法、学校教育法や中央教育審議会等の答申が機関に求める共通の内容となります。中央教育審議会答申

図１-１　使命・理想像・目的・目標・計画の階層構造

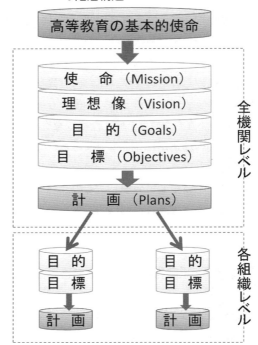

『我が国の高等教育の将来像』[6]（以下「将来像答申」と略します。）では、「21世紀型市民」の育成を中心的課題として掲げています。2016年（平成28年）5月に開催された先進7か国（G7）教育大臣会合で採択された「倉敷宣言」では、教育の役割として、生命の尊厳、自由、寛容、民主主義、多元的共存等共通価値に基づいた「シティズンシップ（市民精神）の育成」が謳われています[7]。これら「21世紀型市民」や「市民精神の育成」が基本的使命の一つといえるでしょう。活力ある社会が持続的に発展していくためには、専門分野の専門性を有するだけでなく、幅広い教養を身につけ、高い公共性・倫理観をもちながら、時代の変化に合わせて積極的に社会を支え、あるいは社会を改革していく資質をもつ人材が「21世紀型市民」です。

　この基本的使命を踏まえつつ、それぞれの機関は固有の使命（mission）を定めていなければなりません。「21世紀型市民」と一口でいっても非常に範囲が広く多様です。それぞれの機関が、今まで蓄積してきた実績を基盤にして策定するのが使命です。大学憲章や建学の精神等は、これにあたるものでしょう。使命とは、それぞれの機関の存在と活動の理由を示すものであり、活動の手段を述べるものではありません。使命は恒久的で、それぞれの機関の現在と未来の方向を示すものです。たとえば、大学は機能分化してきていますが、どのような機能をもつかということは、この使命に言及する内容でしょう。この使命に基づいて定める大学の将来像あるいはあるべき姿が理想像（vision）です。どのような分野で機能を果たすかということが、この理想像で述べることになります。もちろん、使命と理想像を別々に表題をつけて作成する必要は必ずしもなく、まとめて記述されていても問題ありません。この章で議論する「理念」には、使命と理想像が含まれていると考えてください。

　目的（goals）は、使命や理想像を実現していくための中長期的（目安は10年程度でしょう）な方針です。目標（objectives）は、目的を達成するために、めざすべき行動や道筋を具体的に示すものです。目標に含まれる内容は、一定期間後にその達成状況を検証・分析することを踏まえて、具体的かつ計測可能であることが必要です。教育研究に関する使命や理想像を実現させていくためには、当然、目的・目標には機関や組織の管理・運営に関する

内容も含まれることになります。さらに、計画（plan）は、行動計画（action plan）ともいえるもので、目標に沿った方向性をもつ詳細な計画や活動です。

　機関や組織全体の目標実現の道筋が明確になるように、各方策相互の関連と手順を全体の枠組みの中で構造化することが重要です。大学全体や学部・学科の目標とその実現に向けた各自の役割と課題が、一目で構成員に理解できるような、いわゆる戦略マップを作成しておくことが必要でしょう。すなわち、教育機関としての基本的な条件が満たされていることを前提として、その基盤に拠りながら特色ある具体的な施策が効果的に行われなければなりません。

　教育に関して社会が求めていることは、機関・組織としてどのような人材を育てようとしているかという情報です。この要請に応えるための第一歩は、「成果」に言及した教育目的・目標を具体的にかつ明確に定め、社会に向けて発信することです。使命から計画に至るまでの段階が明確に定められ公表されていれば、ステークホルダーが、その教育機関の個性や特色を容易に理解することができますし、説明責任を果たすこともできます。

　選抜、教育、卒業の各段階における目標の具体化として、「卒業認定・学位授与方針（ディプロマ・ポリシー）」「教育課程編成・実施方針（カリキュラム・ポリシー）」、「入学者受入方針（アドミッション・ポリシー）」の三つのポリシーを一貫性をもって策定し、公表することが、学校教育法施行規則によって、大学、短期大学、高等専門学校に義務づけられました。さらに、いわゆる高大接続答申[8]では、教育機関全体としての共通の評価方針（アセスメント・ポリシー）を確立した上で、学生の学修履歴の記録や自己評価のためのシステムの開発、アセスメント・テストや学修行動調査等の具体的な学習成果の把握・評価方法の開発・実践、これらに基づく厳格な成績評価や卒業認定等を進めることの重要性を強調しています。

　本来であれば、ディプロマ・ポリシー、カリキュラム・ポリシーおよびアドミッション・ポリシーは、法令で義務づけられて設定するものではなく、各機関が自らの意思で策定・公表しなければならないものです。三つのポリシーの作成状況に関する文部科学省調査（平成25年度）によると、学部単位ではほとんどの大学で三つのポリシーの作成自体はされていますが、大学全

体の人材養成方針や学位授与方針等とカリキュラムの整合性等を検討している大学は約73％にとどまっています。また、三つのポリシーについて、抽象的で形式的な記述にとどまっているもの、相互の関連性が意識されていないものが散見されます。三つのポリシーは、選抜、教育、卒業の各段階における目標を具体化したものですから、「検証（測定）できる」ことが必要条件になることを、設定の際には十分留意しなければなりません。

　認証評価制度が大学、短期大学および高等専門学校に導入されて10年以上経過しましたが、今や、各機関の「評価能力」が問われるようになっています。評価は、評価作業の技法や対応のみならず、説明責任等組織の総合的な力量が問われることになります。ここが、個人の研究評価とは異なるところです。「評価能力」という言葉には、多くの能力が含まれています。狭義の意味では、評価を実施するための手法、作業、資料・データの収集等に関するものです。しかし、この狭義の「能力」が備われば、評価が適切に実施されるとは限りません。広義の「能力」が問題となります。教育機関の使命や理想像に基づいて、明確かつ具体的な目的、目標そして計画を立案し、これらが構成員に共有されることが最初の作業です。これらが抽象的あるいは不明確であれば、自己評価はもちろん第三者評価も実施することは不可能です。機関の目的、目標および計画は、個性や特色を社会に示す最も重要なツールであり、評価は、その成果に関する説明責任を果たすために不可欠なツールです。すなわち、目的、目標や計画の設定は、評価が有効となるための前提条件であり、広義の「評価能力」として考えなければなりません。

《注》
（1）　川口昭彦著、独立行政法人大学評価・学位授与機構編集『大学評価文化の展開―わかりやすい大学評価の技法』大学評価・学位授与機構大学評価シリーズ、ぎょうせい、2006年、pp. 8-10
（2）　潮木守一『世界の大学危機』中公新書（1764）、2004年、pp. 53-60
（3）　独立行政法人大学評価・学位授与機構編著『大学評価文化の展開―評価の戦略的活用をめざして』大学評価・学位授与機構大学評価シリーズ、ぎょうせい、2008年、pp. 4-7
（4）　学校基本調査―平成26年度結果（確定値）について―（平成26年12月19日）

http://www.mext.go.jp/component/b_menu/other/__icsFiles/afieldfile/2014/12/19/
1354124_1_1.pdf（アクセス日：2017年2月15日）

（5）　川口昭彦著、独立行政法人大学評価・学位授与機構編集『大学評価文化の定着―大
学が知の創造・継承基地となるために』大学評価・学位授与機構大学評価シリーズ、
ぎょうせい、2009年、pp. 146-151

（6）　中央教育審議会『我が国の高等教育の将来像（答申）』平成17年1月28日、p. 30
http://www.mext.go.jp/b_menu/shingi/chukyo/chukyo0/toushin/05013101.htm（ア
クセス日：2017年2月15日）

（7）　G7倉敷教育大臣会合「倉敷宣言（骨子）」平成28年5月15日　http://www.mext.
go.jp/component/a_menu/other/detail/__icsFiles/afieldfile/2016/06/17/1370953_1_1.
pdf（アクセス日：2017年2月15日）

（8）　中央教育審議会『新しい時代にふさわしい高大接続の実現に向けた高等学校教育、
大学教育、大学入学者選抜の一体的改革について～すべての若者が夢や目標を芽吹か
せ、未来に花開かせるために～（答申）』平成26年12月22日、p. 21　http://www.
mext.go.jp/b_menu/shingi/chukyo/chukyo0/toushin/__icsFiles/afieldfile/2015/01/
14/1354191.pdf（アクセス日：2017年2月15日）

第2章

自覚：自律を担保する内部質保証システム

　高等教育機関の「自律」を担保するもう一つの仕掛けが「質保証」です。「質」あるいは「質保証」は、比較的長い歴史のある概念ですが、高等教育分野で議論されるようになったのは1990年代後半以後で、今や「質保証」なくして高等教育は語れない段階にまで達しています。

　認証評価制度が導入された当時は、高等教育の「質保証」という言葉は、必ずしも一般的ではありませんでした。しかし、今や、評価の目的は、高等教育機関が実施している教育研究を含めた諸活動の「質改善・向上」と「質保証」であるという考え方が国際的にも広く認識されています（コラム1-3）。

コラム1-3

何のための高等教育評価か？
1）　高等教育機関における諸活動の**質改善・向上**（quality enhancement）と**質保証**（quality assurance）が目的である。
2）　「評価」は、上記の目的を達成するために必要な手段である。**評価そのものが目的化してはならない。**

　高等教育における質保証は、教育機関自身の内部質保証と公的な質保証（外部質保証）によって行われます（表1-3）。教育については、現在「教

表1-3　高等教育における質保証システム

内部質保証 （機関自身による質保証）	高等教育の質の維持・向上、学位・職業資格の水準の保証については教育機関に責任がある。 教育機関が「自己点検・評価のための自主的な評価基準や評価項目を適切に定めて運用する内部質保証体制」を構築する。
外部質保証 （公的な質保証システム）	設置基準や関係法令等 設置認可（事前規制） 認証評価（事後チェック）

員の視点に立った教育」から「学生の視点に立った学習」へのパラダイム・シフトが国際的にも強調されており、質保証の最重要課題が「学習成果」であることは、すでに前書[1,2]で議論しました。研究については、「どのような研究を行い、どれだけ論文として発表したか」ではなく「研究がどれだけ社会・学界にインパクトを与えたか」という視点に立つことが重要です。すなわち、研究についてもアウトカムズ（成果）の質保証が求められます。

　教育研究の質保証は、内部質保証と外部質保証によって実施されますが、第一義的な責任は、教育機関自身にあることを「自覚」する必要があります（コラム1-4）。とくに、社会が求めているのは、上記の「アウトカムズ（成果）の質保証」であることの「自覚」も肝要です。

コラム1-4

教育研究の質保証の責任は、**第一義的には教育機関自身**にある。
1)　教育研究を実施している**教員や部局自ら**が、それらの質を保証する責任がある。
2)　機関は、そこで実施している**教育研究全体**の質保証を行う責任がある。

第1節　質と質保証とは？

　「質」あるいは「質保証」という言葉は、長い歴史[3]をもっていますが、上述のように、高等教育の分野では比較的新しい概念であり、その定義は曖昧なまま使われている傾向があります。定義が曖昧なまま議論が進むのは、いかにも日本的といってしまえば、そのとおりかもしれませんが、国際的な通用性や透明性が重要テーマになっている状況では、明確に定義しておくことが不可欠です。

　質（quality）という概念は、歴史的には当初、製造業において用いられてきました。そこでは、ある明確な基準で製品を保証することが求められています。すなわち、品質保証あるいは品質管理であり、その初期段階は、規格や基準の統一でした。これは、国内の規格にとどまらず、市場経済の国際

化にともない国際規格へと発展しました。このような規格の国際化がみられるようになったのは、20世紀初頭からで、電気工業に始まり、機械工業へと進み、1947年には国際標準化機構（International Organization for Standardization, ISO）が設立されました。ISOは、現在では世界中に普及し認知度が高く、ある意味で権威をもった存在となっています。これによって、顧客は製品を信頼するわけで、質とは、定められた規格に適合しており「欠点がないこと（zero defects）」を意味しています（表1-4）。

表1-4　「質」に関する理解

| 製造業 | 決まった基準で判定する質であり、多様性という考え方が入る余地は少ない。質とは、欠点がないこと（zero defects）を意味する。 |
| サービス業 | 欠点を最小限にすることのみならず、顧客に不満がないという視点が入る。質とは、顧客満足（consumer satisfaction）を意味する。 |

　さらに、対象（ヒト、モノ、組織）が、ある資格を有するに足る水準に達していることを証明（認証）することが求められるようになりました。典型的な例として、技能や職業資格の認証があります。建築士、公認会計士、税理士等は、ヒトを対象に資格を有することを試験によって証明します。英語検定や簿記検定等の検定の類も、この種の認証と考えられます。これらの認証を行う機関としては、国家試験の場合もありますし、民間組織が独自に証明書を発行する場合もあります。すなわち、「質」は、一定の試験や検定を合格することによって保証されます。

　モノについては、その商品の品質が、一定の基準を満たすものであることを検査や査定によって、証明されます。ウールマーク等はその典型例で、世界的な品質基準に基づき証明されています。このように、国際基準に基づく品質の証明（保証）もありますし、国内基準に基づく品質の証明（保証）もあります。

　組織についても、さまざまな認証が行われています。特定の業種で開業するときに、国に対して登録申請を行い、この申請に対して国や地方公共団体等が許可を与えます。これは、当該組織が開業するに値する資格を有することを国や地方公共団体等が証明しています。たとえば、旅行業者登録の場合

では、開業にあたり事業に従事する者に、旅行業務取扱管理者としての国家資格を有していること等の基準に基づいて審査が行われます。

　サービス産業が世界貿易量の相当量を占めるようになると、質保証の対象をサービス産業にまで広げる必要が生まれてきました。製造業者は製品管理に焦点をおいているのに対して、サービス業では質に対してもっと広い意味をもたせています。すなわち、欠点を最小限にするだけでなく、顧客の感覚、期待や経験等を取り入れようとしています。サービス業では、「製品に欠点がない（zero defects in products）」ことから、「顧客からみて不満がない（zero defections of customers）」ことに視点が移っています。したがって、消費者が期待している質を生産者が認識するだけでなく、消費者自身も質の概念を作る過程に参加することになります。質とは「顧客の満足度（consumer satisfaction）」を意味することになります（表1-4）。

　情報機器とソフトウェアを例として考えてみましょう。この分野では、適合性とサービスという質の観念が導入されています。顧客は、それらが絶えず機能する最大限の特色を求める一方で、利用するときのトラブルに関する技術的サポートで質を判断します。ソフトウェアの利用者は、絶えず新しいものを期待しますから、アップグレードの約束、高い性能や信頼性、簡単なインストール・利用法あるいはメンテナンス等も、製品の質判断の要因となります。

　質保証とは、一般的に、ステークホルダーに対して約束どおりの財やサービスが提供されていることを証明・説明する行為をさします。このために、質保証に求められる機能は、信頼・信用（trust）および認識・認証（recognition）でしょう（表1-5）。信頼・信用には、社会の信頼（public trust）と相互の信頼（mutual trust）があり、さらに信頼により生じる責任あるいは義務が含まれます。認識・認証の内容としては、表1-5に示したような事項が考えられます。ヒトやモノ等の認識、識別は、それぞれの個性化、特色化に資することになります。業績等の評価、称賛は、英語の"evaluation"に対応する作業です。また、組織や文書等の承認、認可は、法的な根拠に基づいて実施されるものです。

表1-5　質保証の機能

信頼・信用	・社会の信頼（public trust）、相互の信頼（mutual trust） ・（信頼により生じる）責任、義務
認識・認証	・（ヒト、モノ等をそれだと）認識、識別　⇒　個性化 ・（業績などへの）評価、称賛　⇒　evaluation ・（組織・文書等への法的な）承認、認可　⇒　accreditation

第2節　高等教育における質保証

　高等教育分野に「質」あるいは「質保証」という概念が導入され、議論され始めたのは、今世紀になってからです。最初は、ヨーロッパを中心に「質保証（quality assurance）」が主張されましたが、今や、国際的な流れとして、高等教育の質保証が求められています。

　高等教育の質保証が求められるようになった背景を簡単に分析しますが、詳細は第三部第1章（p.93）をご覧ください。高等教育のユニバーサル化が進むとともに、それを維持するための費用が増大していますから、当然、パフォーマンスに基づいた効率的な予算の配分、あるいは評価結果に基づいた透明性の高い配分が必要となります。1980年代から、社会の情報化が急速に進み、知識や情報の産業的価値が強く意識されるようになるにつれて、高等教育や訓練が、貿易産品となりうる知識サービス産業として捉えられるようになりました。すると、世界貿易機関（World Trading Organization, WTO）を中心として、市場開放とともに消費者（教育を受ける学生等）保護という考え方が強くなりました。高等教育機関の国際競争が激しくなり、学生の獲得競争や研究費の獲得競争が厳しくなり、質保証が求められることになりました。さらに、既存の教育機関に加えて、多様な教育プロバイダ（e-learning や MOOCs 等）が登場して、多種多様な高等教育システムを理解するには質保証が唯一の武器といえるかもしれません。

　高等教育のステークホルダーに対して、約束どおりの財やサービスが提供されていることを証明・説明するための質保証の内容は、コラム1-5に示します。

コラム1-5

高等教育の質保証とは、
ステークホルダーに対して、**機関がめざす目標に基づいて**、教育研究が
適切な環境の下で、一定の水準とプロセスで行われ、成果をあげている
ことを証明し、説明する行為をさす。

　高等教育の質保証を議論するために、次元の異なる質保証対象が存在することを認識する必要があります（表1-6）。インプット、アクション（プロセスともいいます。）、アウトプットの質保証も重要ですが、「教育パラダイム」の時代から「学習パラダイム」あるいは「学習成果を中心とした教育」の時代となった現在では、アウトカムズ（学習成果あるいは研究成果）の質保証が、最重要課題です。

表1-6　次元の異なる質保証対象

対　象	具　体　的　内　容
インプット （投入）	教育研究活動等を実施するために投入された財政的、人的、物的資源をさす。
アクション （活動）	教育研究活動等を実施するためのプロセスをさす。計画に基づいてインプットを動員して特定のアウトプットを産み出すために行われる行動や作業をさす。
アウトプット （結果）	インプットおよびアクションによって、大学（組織内）で産み出される結果をさす。一般的には数量的な結果を示すことが多い。
アウトカムズ （成果）	諸活動の対象者に対する効果や影響も含めた結果をさす。学生が実際に達成した内容、最終的に身につけたもの（能力、知識、技能、態度等）。研究については、その結果の社会・学界等への貢献等。

　学習成果とは、「教育を受けることによって、どのような知識・技能・能力が習得できるか」あるいは「卒業あるいは修了した時点で、どのような付加価値が得られるか」です。すなわち、在学生、これから高等教育を受けようとしている人々、それらの家族にとって、もっとも重要な関心事は、当該教育機関で期待できる学習成果でしょう。卒業生（修了生）の雇用者の最大の関心事も、「教育の結果どのような知識・技能・能力を備えた人材が育成されているか」という問いかけでしょう。そして、学生が習得した知識、技

図1-2　保証すべき学位・職業資格（学習成果）の質

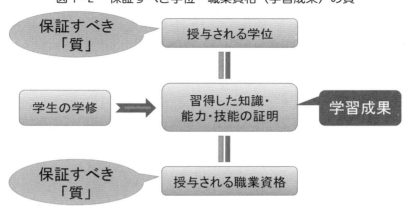

能や能力の証明が、授与される学位あるいは職業資格ですから、「学位の質保証」あるいは「職業資格の質保証」が、保証すべき「質」の最重要事項ということになります（図1-2）。

　質保証（あるいは評価）には、①基準に対する適合性、②目的に対する適合性、③目標の達成度、④卓越性（高い水準の質）、⑤関係者の満足度の五つの異なる視点があります[4]。さらに、高等教育が投資の対象となってきており、「投資に見合う価値」としての質も、これから重要となる視点でしょう。

　わが国の高等教育はユニバーサル段階に達しており、社会のニーズに応えて育成しようとしている人材像に関して、多様な機関が存在します。まず、それぞれ機関に求められる標準的な基準に適合していることが必要条件です。その上で、どのような水準にあるのかによって、それぞれの機関の質が示されなければなりません。ここでは、「基準」という言葉は、定められた仕様や期待を示しています。予め定められた基準に照らしてみれば、その組織の質が、どのような状況にあるかを推測することができます。高等教育分野では、大学設置基準や専修学校設置基準等の関係法令が定める基準等に適合する学校の設置が認められるわけです。

　社会が最も求める質に関する情報は「卓越性」でしょう。卓越性は伝統的な質の概念です。提供している物やサービスが非常に優れており、それを所

有している人や利用している人にとって、ステータスとなるような質です。とくに、分野別の教育研究評価では卓越性という要素が入ってくることは避けられません。もちろん同じ分野でも、養成しようとする人材像が異なれば両者を直接比べることはできないかもしれませんが、同じような目的や目標を掲げていれば当然両者を比較することができます。社会は、第三者質保証にその判断を求めることになります。

　どのような高等教育の「質」が保証されるべきかという問題では、以下の三つのレベルが想定されます。第一は、教育機関の設置認可時の遵守事項が守られていることです。しかし、設置認可事項が遵守されていることは最低条件であり、これだけで機関の質が保証されていると考えることはできません。第二は、機関が設定している使命や目的が達成されていること、第三は、社会が期待している学習成果が認められることです。高等教育がユニバーサル段階に達して、多様化が進行している中で、すべての学教育機関に一律に適用できる質のレベルを定めることは不可能です。しかし、第三の「社会の期待に応えること」を基本的な条件として、各機関が自らの特色・個性を活かして定めた使命・理想像・目的を達成することが、機関の質保証と考えるべきでしょう。

　質保証の目的は、教育機関にとって、質の改善・向上に役立てることが肝要です。この目的と同時に、社会的な説明責任（アカウンタビリティー）を果たすことが強調されなければなりません。国の財政的支援に大部分を依存している国立大学や国立高等専門学校の場合は、納税者である国民に対して説明責任が課せられることは当然です。それ以上に、21世紀社会を担う人材を育成する公共的教育を担う組織として高等教育機関は位置づけられていますから、国公私立をとわず教育機関の諸活動について社会の理解と支持を得ることが重要となります。

第3節　質リテラシーと内部質保証システム

　高等教育機関が自律的な組織として社会からの信頼を得るためには、機関として、その内部で自らの提供する教育研究の質を確認・保証し、その一連

の方法や結果を国内外に示していくことが求められます。すなわち、教育研究の質保証の責任は、第一義的には教育機関自身にあります（コラム1-4、p.14）。このことは、中央教育審議会答申[5]「学士課程教育の構築に向けて」においても言及されています。すなわち、「大学教育の質の維持・向上、学位の水準の保証については、一義的には、それらを提供・授与する大学の責任においてなされる必要がある」と述べ、さらに、大学が「自己点検・評価のための自主的な評価基準や評価項目を適切に定めて運用する等、内部質保証体制を構築する」ことを提言しています。

　教育機関は、その諸活動の質保証に対して、第一義的な責任をもつと同時に、教育研究内容や方法を創造的に進化・発展させて、継続的に質の向上を進めていくことが不可欠です（質リテラシー、コラム1-6）。教育機関の質リテラシーには、組織文化的および組織運営的の両側面があることを認識することが肝要です。

コラム1-6

質リテラシー（quality literacy）
　高等教育機関は、恒常的な質の向上を図る**能力**を有することが求められる。これには、次の二つの側面がある。
組織文化的側面：質に関する価値・信念・期待・責務が組織内で共有されている（機関内の共通認識）。
組織運営的側面：質を向上し、構成員の協働体制やプロセスを有する（機関内の運営組織）。

　「リテラシー」という言葉の原義としては、「読み書き能力」を表していました。しかし、現在では、さまざまな領域・分野が、それぞれ専門化・高度化しており、各領域ごとのリテラシーがあると考えられています。したがって、「リテラシー」は、「ある分野で用いられている記述体系を理解・整理し、活用する能力」と定義されるでしょう。たとえば、「情報リテラシー」とは、「コンピューター等の情報関連技術を習得して、情報社会において積極的に情報を活用する能力」と定義されています。このような世界の流れの中で、高等教育においては「質リテラシー」という概念を提唱します。高等

教育機関は、社会の変化や学術の進展に対応するために、継続的に質の向上を進めて行くことが重要です。ヨーロッパでは、組織が自発的に質向上を進めていくという特性や運営を「質の文化（quality culture）」と称しています。内部質保証システムの構築にあたっては、このような「質リテラシー」あるいは「質の文化」を醸成することも意識する必要があります。

　大学改革支援・学位授与機構が行う大学機関別認証評価では、教育の取組状況や学生が身につけた学習成果を大学自らが点検・評価（コラム1−7）する内部質保証システムを整備する必要性を強調しています。教育研究の質保証や質向上は、第三者評価への対応として受動的に行うのではなく、大学自身が主導して行うことが重要であると考えられます。このような傾向は海外でも同様であり、欧州質保証機関協会等[6]による『欧州高等教育圏における質保証の基準とガイドライン』では、大学による内部質保証が、その第一項目に位置づけられています。海外における「内部質保証」に関する定義は、コラム1−7の定義と概ね整合しますが、海外の定義では、教育プログラムや学位に期待される「水準」が達成されていることの保証を、より明確に規定している傾向がみられます。

コラム1−7

内部質保証とは、
高等教育機関が、**自らの責任で自学の諸活動について点検・評価を行**い、その結果をもとに**改革・改善に努め**、これによって、**その質を自ら保証すること**。

　内部質保証システムとは、コラム1−7で定義される内部質保証を継続して行うための学内の方針・手続き・体制等の仕組みをさします。しかし、わが国では「内部質保証システム」という言葉は、最近になって用いられるようになった段階です。これまで多くの大学で内部質保証に関係する取組は行われるようにはなりましたが、それらが「システム」とよばれるほどに体系的かつ組織的に整備されている状況には至っていません。そのため、「内部質保証システム」とはどのようなものであるかについて、考え方を整理し、それに基づいて大学が自らのあり方を検討していけるように、大学改革支

援・学位授与機構の研究会では、内部質保証システムの考え方をガイドライン[7]としてまとめました（表1-7）。

表1-7　内部質保証システムの考え方のガイドライン

①内部質保証に関する全学の方針・責任体制：内部質保証に関する全学の方針を定め、責任体制を明確にしている。この全学的な方針のもとに、以下の②～⑧に示すそれぞれの質保証活動や個々の体制構築が行われる。
②教育プログラムの承認・定期的点検・改善：教育プログラムの新設の承認、定期的な点検・評価、改善を継続的に実施する体制や手続きを有する。特に、学生の学習成果を確保するという観点から、教育の取り組みの質と教育内容や授与する学位の水準について点検・評価を行う。
③教職員の点検・能力開発：教職員が適切な能力を有していることを確認するための点検・評価や、教職員の育成・能力向上のための方策を、継続的に実施する体制や手続きを有する。
④学習環境や学生支援の点検・改善：学習環境や学習支援・生活支援等の施策に関する点検・評価を行い、改善を継続的に実施する体制や手続きを有する。
⑤大学や部局の教育に関する目的・目標に対する点検・改善：大学や部局といった組織全体の教育に関する目的や中長期の目標・計画に対して、活動状況や進捗・達成状況の把握を行い、改善を継続的に実施する体制や手続きを有する。
⑥質保証への学生や外部者の関与：上記の各種の内部質保証において、学生や外部関係者が参加する、あるいはそれらの者の意見を聴取するような体制や手続きを有する。
⑦教育に関する情報の収集・分析：教育の状況について、活動の実態を示すデータや資料を適切に収集、蓄積し、分析を行い、その結果を利用するための体制や手続きを有する。
⑧教育情報等の公表：教育の質保証や消費者保護の観点から、入学志願者、在学生、保護者等に対して、教育プログラム等に関する正確な情報を定期的に公表する体制や手続きを有する。

これらの項目は、『欧州高等教育圏における質保証の基準とガイドライン[6]』、ASEAN大学連合（ASEAN University Network）による『質保証のガイドラインを実施するためのマニュアル[8]』、イギリスの質保証機構（QAA）が示す『質の規範[9]』等と適合しており、国際的な通用性の高い内容となっています。

　各大学は、独自の組織構成や組織文化、既存の学内規則や体制を基礎にして、質保証や質向上のシステムを自ら開発し、発展させていくことが肝要です。このガイドラインは、その際に参照しうる情報を提供することを目的と

して、内部質保証システムの基本的な考え方を整理したものです。このガイドラインは、大学の諸活動のうち、教育活動に焦点を絞って内部質保証システムの考え方を整理しており、大学の中で教育の内部質保証システムを構築することに責任を有する方々をはじめ教職員、学生、その他関係者にも広く共有されることを期待しています。また、このガイドラインは大学の諸活動のうち、教育活動に焦点を絞ってまとめてあります。したがって、研究や地域貢献等の活動の質保証・向上については、別の検討が必要です。

　大学評価制度が導入されて以来、「自己点検・評価はそれ自体が目的ではなく、その結果を改革・改善に結びつけることが重要である」といわれ続けてきました。しかし、法令等による統制に基づく「自己点検・評価」から、インセンティブによる動機づけとなる「内部質保証システム」への進化が、今や大学に求められています。

　内部質保証システムを機能させるためには、図1−3に示したプロセスが組織内で動くことが必要でしょう。自己改革・自己改善にあたっては、資料・データや他大学とのベンチマーク等により（第三部第2章第1節、p.107）、自らの現況を正確に把握することが何より重要です。自己点検・評価は、まさにセルフ・モニタリング機能といえます。基準や目標との差異を客観的な指標に基づいて認識することは、その差異を埋めようとする内部的な動機づけを高める機能をもっていなければなりません。重要なことは図1−3に示すような内部質保証プロセスが継続的に、かつ円滑に回ることです。さらに、もう一点大切なことは、自己点検・評価の結果を常に公表して、自らの現況を説明し、社会からの評価を受けることです。

　内部質保証プロセスが円滑に回るためには、教員と職員の協働体制が不可欠です。この体制確立の前提として、ファカルティ・ディベロップメント（FD）とともにスタッフ・ディベロップメント（SD）の重要性が認識されています。現に、2017年（平成29年）4月1日から施行される大学・大学院・高等専門学校等の設置基準には、職員がその運営に必要な知識・技能を身につける機会を設けることを求めています。

　職員は、大学運営や教学方針に口を出すべきではない、教育のことは教員が決めるという根強い意識があります。教授会自治、教員統治の伝統と相

図1-3　内部質保証プロセスの概要

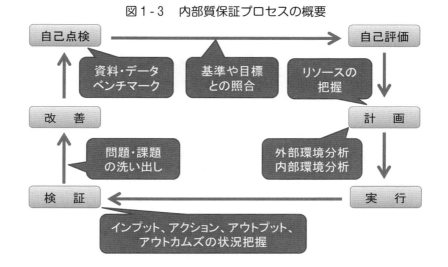

まって、職員の大学運営参画を押しとどめてきました。しかしながら、内部質保証のみならず、教学と経営の両面における大学職員の役割の重要性が増しつつあり、「職員の成長こそが大学発展の原動力となる」とまでいえます。このことは、今や、大学運営に関わる者の共通認識となり、上記のように、設置基準に規定されたわけです。

　しかしながら、教員との関係を含めて、どのような体制をイメージすべきか、どのような道筋で体制構築を図るか等、明確な考え方や方法が定まっているわけではありません。これから、試行錯誤を重ねながら、自大学に相応しい解を見つけ出すことが期待されます。

《注》
（1）　独立行政法人大学評価・学位授与機構編著『大学評価文化の定着─日本の大学教育は国際競争に勝てるか？』大学評価・学位授与機構大学評価シリーズ、ぎょうせい、2010年、pp. 17-31
（2）　独立行政法人大学評価・学位授与機構編著『大学評価文化の定着─日本の大学は世界で通用するか？』大学評価・学位授与機構大学評価シリーズ、ぎょうせい、2014年、pp. 176-192
（3）　独立行政法人大学評価・学位授与機構編著『大学評価文化の定着─日本の大学教育

は国際競争に勝てるか？』大学評価・学位授与機構大学評価シリーズ、ぎょうせい、
2010年、pp. 124-129

（4）　川口昭彦著、大学評価・学位授与機構編集『大学評価文化の定着―大学が知の創造・
継承基地となるために』大学評価・学位授与機構大学評価シリーズ、ぎょうせい、
2009年、pp. 31-34

（5）　中央教育審議会『学士課程教育の構築に向けて（答申）』平成20年12月24日　p. 48
http://www.mext.go.jp/component/b_menu/shingi/toushin/__icsFiles/afieldfi
le/2008/12/26/1217067_001.pdf（アクセス日：2017年2月15日）

（6）　Standards and Guidelines for Quality Assurance in the European Higher
Education Area（ESG）.（2015）. http://www.enqa.eu/wp-content/
uploads/2015/11/ESG_2015.pdf（アクセス日：2017年2月15日）。このガイドラインは、
欧州高等教育質保証協会（ENQA）、欧州大学協会（EUA）、欧州全国学生連盟（ESIB）、
欧州高等教育機関協会（EURASHE）の4機関が共同で作成された。

（7）　内部質保証システムの構造・人材・知識基盤の開発に関する研究会『教育の内部質
保証構築に関するガイドライン（案）』（2013年3月21日）　http://www.niad.ac.jp/n_
kenkyukai/no13_20130321_gaidorain_6.pdf（アクセス日：2017年2月15日）

（8）　ASEAN University Network, Manual for the Implementation of the Guidelines
（2010）http://www.aunsec.org/pdf/aunwebsite/02_AUNQAImplementationManual.
pdf（アクセス日：2017年2月15日）　ASEAN大学連合はASEANの10か国26大学か
ら構築されている。

（9）　UK Quality Code for Higher Education（2012）http://www.qaa.ac.uk/assuring-
standards-and-quality/the-quality-code（アクセス日：2017年2月15日）

第3章

自信：知識社会を支える高等教育

　21世紀は「知識社会」あるいは「情報社会」の時代といわれています。専門的知識・技能によって、新しい未知の事態に対応しなければならない時代に突入しています（表1-8）。これからの知識社会においては、高等教育を含めた教育が、個人の人格形成の上でも、社会・経済・文化の発展・振興、国際競争力の確保等の国家戦略の上でも、きわめて重要になってきています。物質的経済的側面に偏るのではなく、精神的文化的側面との調和がとれた社会を実現し、高度な技能をもち他者の文化を理解し尊重することのできる能力を備えた人材を育成することが、これからの教育に強く求められています。知識は日進月歩で、技術革新が絶え間なく起こることになりますから、高等教育の責務は、高い専門性に根ざした先見性・創造性・独創性に富む人材の育成です。

表1-8　知識社会とは具体的にどのような社会か？

・知識には国境がなくグローバル化が一層進む。さらに、職業選択の自由度が広がり、性別や年齢を問わず参画することが促進される（**流動的**）。
・知識は日進月歩であり、競争と技術革新が絶え間なく生まれることになる。また、機会が平等に開かれることによって、成果をあげられる人とそうでない人の差が顕著となる（**競争的**）。
・知識の進展は旧来のパラダイムの転換をともなうことが多く、幅広い知識と柔軟な思考力に基づく判断が一層重要となる。すなわち、一つの専門分野に固執するのではなく、他分野を自分の仕事に取り込むことが重要となる（**専門分化的**）。
・成果を産み出すためには、多様な専門家の協力が不可欠となる（**チームとしての協調性**）。

　情報技術を駆使した e-learning や MOOCs（massive open online courses）等が登場しています。このような教育プロバイダーの登場は、高等教育を受けることができる範囲を大幅に拡大するとともに、既存の高等教育機関のあり方にも影響を与えています。一方、先進国の製造業は、国内の賃金が高いので、海外に移転したり、海外の工場と契約をするようになりました。結果として、先進国では製造業が減り、情報産業や、IT 技術を駆使

してグローバルに投資する金融業等が盛んになりました。すなわち、知識社会は情報社会でもあるのです。世の中に溢れている情報を的確に分析して、自らの個性を示す情報を発信する能力が問われることになります。

　このような社会のパダライム・シフト、教育パラダイムから学習パラダイムへの転換[1]に加えて、わが国固有の問題として雇用環境の変化（第二部第2章第1節、p.56）があり、高等教育に対する期待が非常に高まっています。最近、マスコミ等で高等教育が取りあげられる機会が増えてきています。これは、社会の高等教育に対する期待が高まっている左証ではないでしょうか。

　以上のように高等教育の環境は激変していますが、高等教育関係者には、今までの教育研究の実績に「自信」をもって、21世紀社会に貢献する人材を育成することが期待されています。この章では、高等教育機関あるいは関係者が配慮しなければならない事項について議論したいと思います。

第1節　知識社会が求める能力

　21世紀が知識社会であることは、すでに前書[2,3]で議論しました。「知識社会」という言葉で象徴されるように、人や情報が自由に国境を越えてしまう現在では、多種多様な情報をいかに活用できるかが、国や地域のみならず組織や個人の競争力を規定してしまいます。このような情勢の下で、高等教育が重要となっています。すなわち、教育をとおして高度な知識や技能を身につけた人材を育成することの重要性が、世界的に認識されているわけです。この節では、知識社会を生き抜くために求められる知識、技能、能力について言及します。

　20世紀の世界は、18世紀後半の産業革命から始まった工業化に支えられた産業社会といえます。産業社会の特徴は、規格が一定の製品を大量に製造することによって、コストダウンが図られ、大量の労働者が雇用され、高賃金を受け取りました。大量生産された製品は、高い賃金に支えられた購買力によって消費された結果、安定した雇用が約束されることになりました。このようなサイクルができあがっていたのですが、問題点の一つは社会が画一的になることでした。商品が画一的であっただけでなく、人々の働き方や生活

パターンも画一的になりました。1960年代の高等専門学校制度の創設、理工系学生の増募計画等、わが国の教育政策も産業社会に対応するように展開されてきました。

　これに対して、二度の石油ショック（1970年代）以後、脱産業社会の動きが始まり、グローバル化（2000年以降）によって、それが急速に進行しました[4]。このポスト産業社会がまさに知識社会です。知識を働かせることが、今や社会・生産活動の中心となっています。無形の知識こそが価値の源泉であるとして、戦略、組織、事業等、経営のあらゆる側面を「知識」という観点から捉えようとしています。知識は課題を解決しようとする行動に結びついた時に初めて意味をもつものであり、そうでないものは単なる情報にしかすぎません。したがって、知識は、それが取り組むべき課題によって、位置づけや重要性が異なってくることになります。

　21世紀前半は、グローバル化や情報化の進展、少子高齢化等の社会の変化の中で、経済状況の厳しさの拡大、社会の活力低下、労働市場や産業・就業構造の流動化、地域間格差の拡大・固定化、価値観の変化等、政治、経済、社会、文化等、多方面にわたって大きな構造的変化に直面しています。このような厳しい環境を乗り越えるためには、人間の英知を結集しなければならないわけで、これが「知識社会」といわれる所以です。

　知識社会は、グローバリズムやイノベーションと深い関係があります。知識社会では、働き方が「自由」で「多様」になり、いろいろな生き方が許容されるようになります。したがって、「多様化」あるいは「個性化」というニーズに対応できる体制が構築されることになります。その上で、多様な専門家による協働体制が不可欠となるため、一人ひとりの人間にとっては、自らの社会的地位や機能を見出すコミュニティが必要となります。高等教育機関には、そのような役割を果たすことも求められています。このため、近年では、知識社会を支える核の一つとして、社会へ開かれた高等教育機関へのアプローチの機会が増大しており、自ら情報を積極的に発信し、説明責任を果たすことが機関にとって責務となっています。

　知識社会に求められる能力は、産業社会のそれとは異なります（表1-9）。産業社会は、上述のように、比較的画一性が高い社会であるために、

そこで必要な学力、知識、技術あるいは能力は、比較的定義しやすく、社会で共有される傾向にありました。したがって、知識伝達型の教育や暗記型の学習が中心となったことは容易に想像できます。標準的な知識や技術等を基礎として、それらを如何に応用して広げていくかが問われていました。組織の中では、構成員の協調性や順応性が重視されました。

表1-9　知識社会と産業社会に求められる能力の比較

知識社会	産業社会
人間力・時代を生き抜く力	基礎的な学力
ネットワーク形成力・交渉力	協調性・同質性
多様性	標準性
個性あるいは個別性	共通尺度での比較可能性
能動性	順応性
新しいものに挑戦する意欲・創造性	知識量・知的操作の速度

『多元化する「能力」と日本社会—ハイパー・メリトクラシー化のなかで』本田由紀、NTT出版、2005を参考に作成

　ある程度ものごとの動向が予想できる産業社会とは違って、知識社会では"答のない問題"あるいは"想定外の事態"に対して最善の解を導きだす能力が求められます。周囲の環境が刻々と変化する中で、こうすれば正しい結果がでるといった模範解答は、もはや、どの分野にもなくなりつつあります。このような要請に対応するためには、多様性が不可欠となるとともに、自ら自主的に課題を発見し、それに挑戦していく意欲や創造性、個性等が重要になります。すなわち、予想していなかった事態に遭遇した時に、そこに存在する問題を発見し、それを解決する方法を見定める能力をもった人材、言葉を換えれば、イノベーションを起こす人材が渇望されているのです。イノベーションを起こすことは、一個人だけでは困難ですから、多様な分野の専門家の協力が不可欠となり、ネットワーク形成力や交渉力がチームとしての協調の鍵となります。もちろん、チームは、同じような経験を共有するのではなく、多様な経験をもった人たちで構成しなければならないことは当然です。このような能力は、知識伝達型の教育や暗記型の学習だけでは達成できません。基礎的な学力等を前提として、多様性、創造性、個性そして能動性が求められることになります（コラム1-8）。

　これからの**知識社会**が必要としているのは、**多様性、創造性、個性**そして**能動性**に富む人材（**知的エリート**）である。高等教育には、**知的エリート**を育成することが期待されている。

　社会は、今後の変化に対応するための基礎的な力と将来を見据えて活路を見出す原動力となる人材を切望しています。高等教育で養成される人材に対して、社会が期待をもっている理由はここにあります。そこでの学習が、これからの時代をリードし、個人として発展する基礎となるか否かは、社会にとってきわめて切実な問題です。高等教育に求められることは、このような知識社会に貢献する人材、すなわち知識・技能および人間性の豊かな「知的エリート」を育てることです。そして、多様な知的エリートが、知識社会の発展に貢献し、社会の財産となるのです。組織や社会の発展には、それを構成する人材の多様性が鍵となることは、周知の事実であり、国際社会における日本の存在感を高めるための重要課題です（コラム1-9）。

　21世紀の**知識社会**では、
　多様性なくして、**卓越性**は産まれない。

　教育改革は、世界中で共通の喫緊の課題となっています。これを受けて、経済協力開発機構（OECD）は、2015年に"Education 2030"を立ち上げました[5,6]。これは、世界が大きく変わっているであろう2030年を生きていくために求められる能力、そして、その能力を育成するためにどのような教育が必要であるかを考えていくプロジェクトです。

第2節　「知識」と「能力」を相乗的に学ばせる教育

　第二次世界大戦後の構築された高等教育機関における教育研究が、産業社会の発展に大いに貢献し、日本の国際社会における存在感を高めることに寄与したことは、「自信」をもって主張できます。

　日本の小学校、中学校、高等学校の質は、学習指導要領によって保証されています。学習指導要領は、教育内容、学習内容の学年別配当、授業時間等の編成基準を示しています。この要領は、1947年（昭和22年）に試案として提出された当初、教師が自ら教育課程を編成する際の手引きとしての性格をもっていましたが、1958年（昭和33年）の改訂以降は法的拘束力をもつようになりました。大学（大学院を含みます。）、短期大学、高等専門学校については、設置基準、設置審査、さらに、大学入学試験による選抜等により、それらの質が保証されていました。このような教育システムによって育成された人材が、産業社会の発展に貢献しました。

　このように、わが国の教育（小学校から大学に至るまで）システムでは、知識の伝達・習得を中心としてきました。もちろん、知識の獲得が自信につながり、この自信を育むことこそが、さらなる知識の獲得につながることは明白です。一方、「知識」は「行動」に結びつかなければ意味がなく、そうでないものは単なる「情報」にすぎません。行動（action）の根幹には知識（knowledge）があり、それを仕事や生活で実践的に活用する力（技能、skills）や価値観（emotional qualities）等が関わり合って行動につながるわけです。

　21世紀社会を生き抜くために求められる力を図1-4に示します。この図は、第18回 OECD/Japan セミナー（2015年12月）における Andreas Schleicher（OECD 教育局局長）の基調講演資料[7]を参考に作成しました。ピラミッドの土台には、各領域・分野における知識と、それを実践的に活用する力（技能）（disciplinary/pratical use）で、これらは今までの教育でも力を入れて教えてきたことです。その上に、創造性、論理的思考力、建設的批判的思考力（critical thinking）等で代表される応用力・活用力（cognitive）が載っています。Schleicher は、ピラミッドの一番上に "emotional" を置いています。emotional な力とは、単なる感情の浮き沈みを意味しているのではなく、価値観を基盤とした態度、資質、感情等から構成される「人間性」「人格」を意味しています。最近よく耳にする「人間力」も、emotional な力と考えられます。ちなみに、人間力は「社会を構成し運営するとともに、自立した一人の人間として力強く生きていくための総合的な力」と定義され

ています。

図1-4　21世紀社会を生き抜くために必要な能力

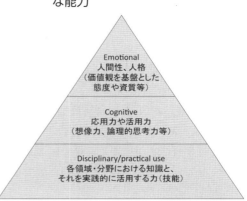

世界各国は、少子高齢化、環境、安全保障等の諸問題を抱えており、今後ますます複雑化・深刻化していくことでしょう。このような問題は、地域レベル、国家レベル、世界レベルと多様な視点から捉えることも必要です。このような"答のない問題"に挑戦していく力は、これからの社会を担う世代に期待することになります。高等教育にもっとも求められていることは、学生が身につけた専門的な知識・技能を新しい状況においても用いることができるという、身についた能力に関するものです。このためには、学生の「深い学習」を活性化する工夫が必要です（コラム1-10）。

コラム1-10

高等教育の最大の課題は、いかに「**深い学習**」を学生に提供するかである。**深い学習**こそが、グローバル人材養成あるいはイノベーションを起こす人材養成の第一歩である。

これまで、各教育機関はカリキュラムの充実で対応してきました。すなわち、情報が重要だから情報リテラシーの授業を、環境が重要だから環境リテラシーの授業を・・・等と授業科目を増やしてきました。これによって、学ばなければならない内容が、どんどん増えてきた結果「カリキュラムオーバーロード」になってしまいました。しかし、学生の時間は限られていますから、新しいリテラシーを無理やり詰め込んでいくだけでは、深く有効な学びにはつながらなく、いわゆる「消化不良」に陥ってしまいました。

このような事態に対処するためには、本当に必要な知識や能力（competency）を見極めた上で、知識と能力を相乗的に学べるカリキュラムが有効でしょう。このようなカリキュラムを実際に実践することは難しい

ことであり、今後の研究課題です。"Education 2030"は、まさにこの課題に挑戦するプロジェクトです[(5,6)]。

　現時点で提案できる変革は、学生が主体的に考える授業[(8)]（能動的学習、アクティブ・ラーニング）の充実です（コラム1-11）。能動的学習のうち、知識の定着・確認を目的とした演習あるいは実験は、すでに一般的に行われています。しかし、これから重要となるタイプの能動的学習は、知識活用や課題解決を目的とした問題解決型授業（Problem Based Learning, PBL）、創成授業、専門ゼミ、専門研究等です。卒業研究や卒業論文は、非常に有効な能動的学習ですが、理系学科ではごく当たり前のごとく行われているかもしれませんが、文系学科ではきわめて少ないのが実状でしょう。

コラム1-11

能動的学習を目的によって分類をすると、
1）知識の定着・確認を目的とした演習、実験、実習等
2）知識の活用や課題解決を目的とした問題解決型授業（Problem Based Learning, PBL）、創成授業、専門ゼミ、専門研究等

　能動的学習を進めるためには、もちろん知識量（範囲）も前提として必要です。この際思い切って、知識伝達の部分は、学生の自学自習（事前学習）に任せて、授業では自学自習を前提として能動的学習を進めることを提案します（コラム1-12）。このためには、学生の自学自習を促すための情報を十分提供することが重要です。MOOCs等は、学生が知識を獲得する手段として提供されていると判断できます。MOOCs等の大規模公開オンライン講座を大学単位として承認するか否かの議論がされていますが、筆者は、大学が

コラム1-12

　知識の伝達の部分（いわゆる「講義」）は、学生自身の自学自習によって授業以前に（事前の準備で）学習する。その知識を前提として、授業では能動的学習、グループワーク、プレゼンテーション等を行う。このためには、教員は、学生の自学自習を促進するための情報を提供しなければならない。

自校の単位として、そのまま認めることには反対です。むしろ、大規模公開オンライン講座を大いに利用して、知識獲得の有効な手段と位置づけるべきでしょう。

　コラム1-12に提案した能動的学習の導入は、各方面で議論されている学生の学習時間（単位の実質化）の問題も解決が期待できます。現在の学習時間の議論は、時間数の話に収斂しており、あまり意味のない議論になりかねません。要するに、学生に深いかつ有効な学習をさせることが重要なのであって、時間数が確保されれば済む問題ではありません。

第3節　「自信」に裏づけられた意識改革

　産業社会から知識社会へのシフト、高等教育のユニバーサル段階への進展、わが国の雇用環境の変化、さらには国の財政状況の悪化等から、多くの提言、意見、要望や批判が高等教育機関に寄せられています。しかしながら、「教育は百年の計」といわれるように、長期的な展望のもとで推進しなければなりません。第二次世界大戦以後の日本の発展は、高等教育をはじめわが国の教育システムに支えられてきたことは疑問の余地はありません。高等教育関係者は、これまでの実績に「自信」をもって今後の改革に取り組み、今後の高等教育の方向性を社会に向けて積極的に発信することが肝要です。ここでは、個々の改革事例に言及するのではなく、すべての改革の根底にある学生を含めた高等教育関係者の意識改革について議論します。

　近年の高等教育機関は、自学が果たすべき機能や三つのポリシーを定めて、入学試験や授業の方法等を変革して、形としては多様化の方向に向かっています。自らの機能やアドミッション・ポリシー、カリキュラム・ポリシー、ディプロマ・ポリシーを明確にし、社会に広く公表すること自体は、当然必要な取組です。しかしながら、各機関が、国の求めに応じてその枠組みの範囲で、一斉にかつ他機関の出方を伺いながら歩調を合わせるように取り組むのでは、真の多様性は決して生まれません。各機関は、それぞれ異なった伝統、文化、そして歴史をもっているわけですから、自らの人的・物的資源や外部・内部環境を分析した上で、果たすべき機能を定め、三つのポリ

シーを策定しなければならないはずです。

　高等教育機関は、カリキュラム改革や組織改革等、さまざまな改革に積極的に取り組んだ結果、規模の大きい機関では毎年のように、どこかで学部・学科あるいは研究科・専攻の改組や新設が行われています。しかし、このような改組や新設によって「箱物」を整備しても、そこに「魂」が注入されなければ決して成功したことにはなりません。この箱物の整備は、トップの強力なリーダーシップによって、ある程度短時間にかつ集中的に実施することは可能でしょう。しかし、新しい組織が本当に機能するためには、その構成員や周囲の理解、合意そして意識改革が必要であり、とくに、意識改革のためには一定の時間が必要です。改革の理念がどんなに立派でも、あるいはトップのリーダーシップがどんなに強力でも、構成員の合意や意識改革が進んでいないと、その改革はいつしか空洞化したり、元の状態に戻ってしまったりしてしまうことは歴史が物語っています。したがって、組織・体制の改革を推進すると同時に、意識改革も進めることが肝要です。

　高等教育機関は、多様化するとともに数が急激に増えており、一つのカテゴリーで機関を括ることが不可能となっています。国際的なマーケットや学問と結びついた機関もあれば、国家レベルの人材養成や市民を育てる教育研究が期待される機関もあり、地域に密着した教育研究を推進する機関もできています。このように、大学だけを考えてもさまざまなタイプの大学が出現しているにもかかわらず、大学人の頭の中には依然として、フンボルト型の単一の大学像が根を下ろしていて、それを払拭できていない状況が垣間見えます。旧来であれば「暗黙の了解」が成り立っていたかもしれませんが、大学の内外ともに多様化した現状では、組織全体の合意を形成するための作業が重要です。

　本来、大学という組織は、一人ひとりの教員が、それぞれの教育理念や信念をもって築きあげてきた学問を、学生に教える場所でした。すなわち、個々の教員の「学問の自治」が存在するだけに、共通の教育理念をもつためには、大学は難しい組織といえるかもしれません。営利企業であれば、「利益」がなければ企業自体が存在しえないわけですから、トップのリーダーシップの下、全従業員が動いていくことが可能です。しかし、大学は、個々の教員が

もつ教育理念や学問を、情熱をもって教育するのが基本です。だからといって、一人ひとりの教員がバラバラに寺子屋のような教育をしていく時代ではもはやありません。それぞれの大学（学部や研究科等）は、育てようとしている人材像に関して、共通認識をもつために、使命、理想像、目的等をきちんと議論し明確にすることが求められます。その上で、内部質保証システムを機能させることが不可欠であることは、第2章（p.13）で言及しました。

　近代大学発足当初は、外部からのさまざまな圧力や影響を排除するために学問の自治が生まれたわけですが、今や、外部から大学に圧力がかけられるような時代は終わっています。むしろ、社会への発信は大学人の責務ですし、自律性をもっている分だけ責任は重いわけです。すなわち、教員一人ひとりは、大きな責任を社会に対して負っているのです。

　知識伝達を中心とした講義や暗記型の学習は、教員にとっても、学生[9]にとっても、比較的に楽であるといえます。教員は、授業の内容を予め準備して講義に臨めますし、学生からの質問も講義に関連した内容のはずです。一方、学生は、授業をまじめに聴き、その内容を正確に記憶して、期末試験等に臨めばいいわけです。しかしながら、試験が終わればすぐ忘れてしまうように、一方的な講義を聴いただけでは記憶として残る内容は、僅かであることは経験的に明らかです。大学進学率が15％以下のエリート段階であれば、学生の高い意識によってカバーされていた部分もあったでしょう。しかしながら、半数以上が大学に進学するユニバーサル段階となった今日では、一方的な講義型の授業のみで、学生が主体的に学習するようになることを期待することは無理でしょう。もちろん、主体的に高い意欲をもって勉学をする学生の存在を否定するつもりはありません。

　能動的学習の授業では、教員と学生が同じ立場で議論をしますから、教員の役割は「ガイドまたはファシリテーター」となり、授業全体を運営する能力が教員に問われることになります（コラム1−13）。学習者が学べるよう、環境を整え、的確な問いや課題を用意する等、周到な授業デザインが求められます。そして、学ぶ場を整えて討論やグループワークの自由度を許容しながら一定の成果に向って、ガイドしてゆく能力が必要となります。教員のペースで知識提供を行っていた旧来の授業スタイルは自身の設計したとおり

に授業を進行できるため、ある意味、コントロールが容易であったわけですが、双方向の授業をはじめとする学習者主体の学びのためには、学生を主体に据えながら授業進行の主導権は握る、という非常に高度なファシリテーションとしての能力が教員に求められます。

コラム1-13

能動的学習の授業における教員の役割
1）的確な問いかけや課題を用意する等の周到な授業デザイン
2）一定の成果に向かうためのガイドあるいはファシリテーター

　一方、学生には授業のテーマに関する事前準備が求められることはもちろん、授業の場でのコミュニケーション力、他者の立場や考えの理解力、授業の中で自分の主張を的確に表現できる瞬発力等が問われることになります。いずれにしても、教員、学生双方に大きな意識改革を求めることになります。

《注》
（1）　独立行政法人大学評価・学位授与機構編著『大学評価文化の定着─日本の大学は世界で通用するか？』大学評価・学位授与機構大学評価シリーズ、ぎょうせい、2014年、pp. 27-40
（2）　独立行政法人大学評価・学位授与機構編著『大学評価文化の定着─日本の大学は世界で通用するか？』大学評価・学位授与機構大学評価シリーズ、ぎょうせい、2014年、pp. 7-11
（3）　川口昭彦著、一般社団法人専門職高等教育質保証機構編集『高等職業教育質保証の理論と実践』専門学校質保証シリーズ、ぎょうせい、2015年、pp. 3-8
（4）　日本の製造業の指標から、日本型産業社会が1990年代まで続いていたと判断されます。その結果、わが国では、短時間で知識社会への移行とグローバル化が同時進行していることになります。
（5）　Education 2030: Towards inclusive equitable quality education and lifelong learning for all（2015）http://www.uis.unesco.org/Education/Documents/education_2030_incheon_declaration_en.pdf（アクセス日：2017年2月15日）
（6）　田熊美保「将来、必要とされる力をどのように育むか　新しい教育のあり方を追求する"Education 2030"」『リクルート カレッジマネジメント198』、2016、pp. 6-9
（7）　Andreas Schleicher（2015）http://www.mext.go.jp/component/a_menu/other/detail/__icsFiles/afieldfile/2016/01/05/1365688_2.pdf（アクセス日：2017年2月15日）

（８）　独立行政法人大学評価・学位授与機構編著『大学評価文化の定着―日本の大学は世界で通用するか？』大学評価・学位授与機構大学評価シリーズ、ぎょうせい、2014年、pp. 194-200

（９）　ベネッセ教育総合研究所調査によると、「自分で発表する演習より教員の話を聴く授業がよい」と答えた学生は、5,000人のうち８割を超えています。「大学生の学習・生活」ベネッセ教育総合研究所高等教育研究室：調査・研究データの紹介　http://berd.benesse.jp/berd/center/open/report/dai_databook/2012/pdf/data_05.pdf（アクセス日：2017年２月15日）

第二部

グローバル人材教育：
「対話」能力を育てる

　経済、社会、文化等、あらゆる面でグローバル化が急速に進み、資本、情報、労働力等が国境を越えて移動しています。このような20世紀末からの社会・経済の大変動によって、社会は高等教育機関に大きな期待を寄せるとともに、教育研究のみならず高等教育機関自体のあり方にも根底からの変革を迫っています。日本の研究水準についていえば、国際的に先導的な立場にある分野もいくつかあります。しかしながら、高等教育に関する国際化については、まだまだ乗り越えなければならない多くの課題があります。

　グローバル化は、当初、経済活動の分野で進展しました。経済のグローバル化とは、国内で製品を生産し輸出されて国際市場で戦うという経済活動の「国際化」の延長線上に位置するものではありません。資本が国境を越えて移動し、人そのものが移動し、移動先ではライバルとなる企業等との競争に晒されることになります。「グローバル化」という言葉が使われる近年では、日本経済は、世界貿易の状況に影響されるようになっており、これまで以上に敏感に世界経済の動向に反応するようになっています。

　先進国の企業は、自国の経済や文化につうじた外国人を国の内外で大量に採用しようとします。新興国の経済・文化につうじた日本人社員を大量に養成する必要もあります。このようなグローバル人材を育成する新しい教育需要が誘発されることになります。先進国の高等教育機関は、先を争ってグローバル化に対応するための改革を進めており、機関間のグローバルレベルでの競争が激化しています。

第1章

21世紀社会が求めるグローバル人材教育

　産業革命は、生産技術に画期的な変革をもたらし、産業社会の大発展につながりました。しかしながら、20世紀末頃から産業社会の負の部分が顕著となり、人類の将来にも翳りとなってきました。ある地域での些細な活動が、全地球的（グローバル）に影響を及ぼしてしまうような事態も起こるようになりました。また、想定を超える激しい気象現象が世界各地で見られるようにもなりました。この頃から、持続可能（サステイナブル）社会の構築あるいは持続可能な成長が危急の話題となり始めました。このために、新しい「知」を求めて「知識社会」が叫ばれるようになりました。

　20世紀までの産業社会では、同質的なものを大量生産し、それを大量消費することで成り立っていました。これを可能にするために、教育に期待されていたことは、同じような考え方・価値観をもち、規律を守り、行動パターンも同じような人材を育てることでした。しかし、21世紀になると社会が多様かつ特色のある製品やサービスを求めるようになりました。そのため、今までの概念に囚われないで、発想力が豊かで、主体的に物事を考え行動できる人材が必要とされるようになりました（表1−9、コラム1−8、p.30、p.31）。

　知識社会へのパラダイム・シフトとともに、社会全体のグローバル化が急速に進行しています。さまざまな産業は、世界市場と直接つながり、グローバル化への対応は、多くの企業にとって喫緊の課題となっています。高等教育のグローバル化を考える時には、このような社会の変動を念頭に入れて議論を進める必要があります。グローバルリズムという社会現象は、国家という枠組みの中で制度化されてきた高等教育に対して、その枠組みを超えた活動を要求し、さらに機関の理念や制度の根幹をも揺しかねないことを認識しなければなりません。

第1節　高等教育における「グローバル化」とは

　「グローバル化（globalization）」は、さまざまな局面で多義的に使われていますが、政治・経済・社会等すべての分野で、ヒト、モノから情報までが国境を越えて簡単に移動するようになり、物流や金融のみならず人口・環境・エネルギー等の諸課題についても、全地球的視点で捉え対応することが不可欠となった状況をさしています。また、「グローバル化」と「国際化（internationalization）」とは、混同して使われることがありますが、語源や概念が異なります。これらの概念に関する一般的な説明は前書[1]を参照ください。経済・貿易分野では、「国際化」は、それまでは国内市場を対象としていた製品が、海外のマーケットに進出していく過程で使われ始めた言葉です。一方、「グローバル化」という言葉が使われるようになった近年では、急激に日本経済は世界の経済状況に影響されるようになりました。たとえば、リーマン・ショック（2008年）が日本に与えた影響は計り知れないものであったことは、記憶に新しいでしょう。

　高等教育分野のグローバル化と国際化について、Altbach[2]は「いかなるアクターやその集団といえども、グロバリゼーションとその影響を制御することはできない。しかしながら、国際化は、グロバリゼーションにより社会や組織に課された多くの要求に対応するための戦略であり、高等教育においては、学生たちをグローバル化した世界に関与していく準備をさせるための一つの方法と考えられる。」と区別しています。すなわち、グローバル化と国際化の違いはコントロール（制御）の点にあると論じており、高等教育の「国際化」は、グローバル人材を育てるための手段の一つであるわけです。すなわち、「国際化」の目的は、基本的には教育研究のグローバル化・高度化（質の向上）にあります（コラム2-1）。

　各国の教育制度・政策は、1980年代までは自国の枠組みの中で決定されてきました。1990年代になると、異なる動きが見られるようになりました。アメリカ合衆国やイギリス等が、自国の大学の分校を国外に設置して、それぞれの大学のカリキュラムや単位制度を適用しました。これらは、高等教育の

> コラム2-1
>
> 　教育研究の国際化は、それ自体が目的ではなく、「国際化」という手段によって、**教育研究のグローバル化・高度化（質の向上）を図らなけ**ればならない。

輸出であり、それぞれの国や組織の国際化戦略の一環だったわけです。学生にとっても、アメリカ合衆国やイギリスに留学しなくても、それらの国と同じ教育を受けることが可能になったわけです。

　21世紀になると、世界的に進行する教育の市場化の流れに沿って、国際連合教育科学文化機構（UNESCO）、経済協力開発機構（OECD）等が活動を始めました。UNESCOやOECDの基本的な考え方は、「各国の教育制度や政策は、それぞれ固有の文化や伝統があり、それらを尊重してグローバル化を図っていく。」というものです。いずれにしても、グローバル化は国家横断的な変革であり、世界中のさまざまな組織や個人（Altbach がいう「アクター」）が、それぞれの思惑（？）によって、ある国の教育制度のあり方や政策にまで、直接的あるいは間接的に影響を及ぼすようになってきています。この歴史的な経緯については、第三部第1章（p.93）で分析します。

　わが国の高等教育政策がグローバル化の影響を受け出したのは、1990年代からと思われます。1971年（昭和46年）の中央教育審議会答申（いわゆる「四六答申」）では、研究交流の活発化、留学生を増やすこと、外国人教員を国立大学に導入すること等、わが国の大学の「国際化」の必要性が強調されています。この「国際化」は、日本が積極的に海外のものを取り込もうとする動きであり、「留学生10万人計画」も、この文脈で捉えることができます。しかしながら、1991年（平成3年）の大学設置基準の大綱化を謳った大学審議会答申では、シラバス、セメスター制、授業評価、ファカルティ・ディベロップメント（Faculty Development, FD）等が言及されていました。これらの内容は、アメリカ合衆国やヨーロッパ諸国の高等教育で実施されていたもので、まさに「グローバル化」対応といえます。さらに、1998年（平成10年）の大学審議会答申（いわゆる「二一世紀答申」）には、「国際的な通用性の高い制度へと、教育研究システムをより柔構造化していくことが必要であ

る。」と記述され、高等教育の教育研究システムのグローバル化の必要性を訴えていました。さらに、この答申には、第三者評価の導入および、その評価に基づく資源配分が提案されていました。その後も、「二一世紀COE」「グローバル30（国際化拠点整備事業）」等、グローバル化を意識した政策が次々と打ち出され、現在に至っています。

第2節　グローバル人材の要件とグローバル人材教育

　「グローバル人材（教育）」という言葉は、今や巷にあふれています。しかし、グローバル人材とはどのような人材か？あるいはグローバル人材教育とはどのような教育か？という問いかけに関して、論点を整理したいと思います。

　「グローバル人材」については、多義的かつ多面的な局面で定義されていますが、いずれも同じような内容が言及されており、グローバル人材に求められる要素は、コラム2−2のようにまとめられます。要するに、グローバル人材に求められる能力は、①自分の国・地域について語れる、②自分の意見・意志を話し、他人に理解してもらえる、③他者を理解するの三つとなります。もちろん、「対話」能力（コミュニケーション能力）とそれを支える語学力が、ここで示した能力の前提となることは当然です。対話能力には、他者の話を正当に理解する能力も当然含まれます。また、語学力とは、世界共通語としての英語の運用力に限らず、日本語を正当に理解し、論理的に話す能力も含まれます。

　以上の論点から、グローバル人材とは、世界的な競争と共生が同時進行する知識社会において、日本人としてのアイデンティティーをもちながら、広い視野に立って培われる教養と専門性、異なる言語、文化、価値観を乗り越えて関係を構築するためのコミュニケーション能力と協調性、新しい価値を創造する能力、次世代までも視野に入れた社会貢献の意識等をもった人間といえます。このようにまとめると、グローバル人材教育には、ある定まったシラバスやカリキュラムがあるわけではなく、非常に多様な内容であり、個々の機関の特色が重要であることが理解できるでしょう。「対話」の能力

コラム 2 - 2

グローバル人材とは
1）**主体的に物事を考え**、それを他者に伝えられる。
2）異なる文化や歴史をもつ人たちと理解しあい、**自分の考えを伝えられる**。
3）相手の強みを理解し、**新たな価値を産み出せる**。
4）国と国という関係を超えた**地球規模の視点をもち**、**既存の価値観に囚われずに物事に挑戦できる**。

は、グローバル化とは無縁と思われる場でも普遍的に社会人として不可欠なものであり、すべての高等教育機関は、学生の身につけさせる責任を負っています。言葉を変えれば、「グローバルに活躍できる人材」という観点から求められる資質・技能・能力は、学生が将来的に活躍する場が国内外を問わず共通するものです。したがって、高等教育におけるすべての国際活動は、それぞれの機関がめざす資質・技能・能力の育成を図る取組の一部として位置づけられなければなりません。

　学生の内向き志向が指摘されているわが国では、心身ともに「**強く逞しい**」かつ「**フレキシブルな思考**」によって「**他者を巻き込む魅力**」を備えた若者の育成が、喫緊の課題ともいえるでしょう。世界展開を急速に進めなければならないわが国が、世界に対してプレゼンスを示していくためにも、「グローバル化」と「イノベーション」をキーワードとして日本の将来を背負っていく若者が渇望されています。

　安倍政権の教育再生実行会議でも、「世界で戦えるグローバル人材の育成」という目標が掲げられており、英語による授業の実施と英語力の強化、日本人留学生の倍増等、英語力強化が大学改革の重要課題としてあげられています。日本人の英語に関しては、「読む」「聞く」よりも、「書く」「話す」の力が弱いといわれています。自分の意思を伝えるために「書く」「話す」をより重視した教育が必要でしょう。「書く」「話す」の重視は、英語に限られたものではありません。文章を「明確かつ簡潔、そして興味深く」書く訓練が必要ですし、論理的かつ明確・簡潔に「話す」訓練も必要です。

　しかし、英語力強化＝グローバル人材の育成とはなりません。英語力の強

化は、入口にすぎません。グローバル人材にはコラム2-2で示したような総合力が求められ、その教育は、コラム2-3のようにまとめられるでしょう。

コラム2-3

高等教育では、
1）知に関する**広い見識**と、それによって涵養される**豊かな判断力**を養う。
2）知の**基本的枠組み（パラダイム）**の学習と、そのような知にとって不可欠の**基本的な技能（スキル）**の習得をめざす。

　このようにまとめると、大綱化（1991年）にともなう東京大学前期課程教育カリキュラム改革に筆者が関与して議論した内容[3]を思い出します。当時、東京大学以外の国立大学では「専門教育の強化」の方向に進みました。しかしながら、東京大学は、リベラル・アーツ教育の理念に基づく教養教育を掲げて改革を実施しました。この改革の標語の一つとして、横断的学際性（transdisciplinary）と横断的国際性（transnational）を掲げました。当時は、まだ「グローバル」という言葉は、必ずしも一般には使われていませんでしたので、横断的国際性がグローバルに対応するものです。

　高等教育機関の育成する人材が、社会の中心となって活躍するのは20～30年後ですから、2030～2050年の世界動向を予想しながら、グローバル人材教育のデザインをしなければなりません。上記では「多様性」を強調しましたが、デザインにあたっては、「標準性」と「多様性」の両方向からの検討が肝要です（表2-1）。

　標準化とは、高等教育におけるさまざまな基準、体制等が国を超えて統一された原理（いわゆるグローバル・スタンダード）に基づくものです。カリキュラムの国際化、コース・ナンバリング、共通水準の学位授与等、一機関の中だけで教育が完結する時代は終わり、世界中の機関間の協働と競争により、次世代を背負う人材を育てる時代となっています。たとえば、留学生の受け入れ・派遣を推進するためには、互換性のある科目を設定し、留学先の機関と自学のカリキュラムを適切に接続させないと、学生の学びの支障となりますし、派遣先の開拓も難しくなります。グローバル・スタンダードにつ

表2-1　グローバル教育の標準化と多様化

グローバル・ネットワーク化（標準化） ・教育内容・体制の国際標準化（カリキュラムの国際化、単位互換、GPA 等） ・国際間の学生流動化（外国人学生の受け入れ、国内学生の派遣等） ・高等教育機関間の国際的な連携（ダブル・ディグリー、ジョイント・ディグリー、コンソシアム形成等） ・デジタル高等教育のネットワーク化（MOOCs 等） ・国境を超えた第三者質保証機関の連携
教育内容・体制の多様化 ・自国の歴史・伝統を基盤として社会・文化維持のための教育 ・多様な教員・学生集団が支える学習

いては、前書[4]で詳細に議論しましたので、ご参照ください。

　一方、多様化は、世界の多様性とそれによってもたらされる豊かさを将来にわたって発展させるために重要です。世界の多様性を維持するためには、各国が、自国の伝統・文化に根ざした高等教育を責任をもって推進することが肝要です。このように、各機関が国際的な教育水準を保証しながら、自らの意思で他機関との差別化（多様化、特色化）を図ることが重要です。

　人材育成について、これまでのように個々の教員任せで何とかなった時代は、すでに終わりました。教員が、自らの研究成果を基に自己の思想や哲学を披瀝し、学生と自由に意見を交わしながら、切磋琢磨していくというフンボルト型大学から、ある分野の知の体系を整理して、その本質的部分を限られた時間の中で効果的に教授するために、講義、演習、実験・実習等さまざまな授業形式を組織的に構築する体制への転換が不可欠です。

　このことは研究についても同様です。今や個人単位の研究から組織単位で行う大型研究が主流となりつつあります。もちろん、個人単位の研究が基本であり、重要であることはいうまでもありませんが、組織として、情報インフラ、実験機器、施設・設備等の研究基盤の整備が重要となっています。新しいユニークな研究の最初のきっかけとなる発想をするのは個人でしょう。しかし、その研究が大きく展開して、大きな体系を作るには多くの人々の協力が必要ですし、研究環境が不可欠です。異分野の人たちとの交流もその一つです。欧米各国では普通に行われている大学院学生の流動性は、若い学生にとって非常に重要な位置づけとなっています。一方、比較的閉鎖的な日本

では、大学院学生の流動性をもっと高める必要があります。

第3節　グローバル人材教育の質保証

　グローバル人材教育には、質保証、とくに第三者質保証の国境を超えた連携を欠かすことはできません。タイムス誌が公表する世界大学ランキングの「大学の国際化」に関する評価指標は、外国人教員比率と外国人学生比率ですが、高等教育の国際化は、質的な成果を含めて、交流性、開放性、通用性の三つの視点から捉えることができるでしょう（表2-2）。

表2-2　高等教育機関における教育研究の国際化を測定するための視点

視　点	内　容
交流性	外国人学生の受入れや国内学生の派遣、外国人研究者との交流や共同研究等について、制度、施設等の教育研究の環境整備が実施されているか。
開放性	異質な文化を背景とした外国人を、開かれた意識と対等な地位をもって同じ構成員として認めているか。
通用性	機関の機能や水準が、外に対して普遍的なものとして通用するか。

　大学改革支援・学位授与機構は、国際的な教育活動の質の一層の向上を図るとともに、教育の国際化の局面において個性・特色を発揮している大学を支援することを目的として、大学機関別選択評価（以下「選択評価」と略します。）Ｃ「教育の国際化の状況」を実施しています。社会全体のグローバル化が進展する中で、大学教育もグローバル化に向けた対応が要請されており、多くの大学が教育の国際化に向けたさまざまな活動を展開しています。教育の国際化に向けた活動については、大学機関別認証評価においても評価の対象として含まれていますが、特別の基準を設けていませんので、これのみでは各大学における教育の国際化の状況や特色が必ずしも明確にはなりません。選択評価Ｃは、教育の国際化に向けた活動に焦点を絞った評価を実施しています。

　選択評価Ｃの評価基準および、その下に設定されている基本的な観点を表2-3に示します。選択評価Ｃでは、教育の国際化に向けた活動を「国際

的な教育環境の構築」、「外国人学生の受入」、「国内学生の海外派遣」の三項目について、表2-2の三つの視点から水準判定を行っています。この水準判定結果を参考にしつつ、それぞれの大学が掲げる教育の国際化に関わる目的の達成状況を評価しています[(5)]。

表2-3　選択評価C「教育の国際化の状況」の評価基準と基本的な観点

評価基準
C-1　大学の目的に照らして、教育の国際化に向けた活動が適切に行われ、成果をあげていること。
基本的な観点
C-1-①　大学の教育の国際化の目的に照らして、目的を達成するためにふさわしい計画や具体的方針が定められているか。また、これらの目的と計画が広く公表されているか。 C-1-②　計画に基づいた活動が適切に実施されているか。 C-1-③　活動の実績及び学生の満足度等から判断して、活動の成果が上がっているか。 C-1-④　改善のための取組が行われているか。

　グローバル人材教育の質保証について議論を進めましょう。全国高等学校PTA連合会と株式会社リクルートホールディングスの合同調査アンケート[(6)]によると、「グローバル社会で通用する人材になりたいか」という質問に対して、高校生の約50%、保護者の約41%が、それぞれ「なりたい」、「なってほしい」と答えています。したがって、グローバル人材教育の質保証は必要不可欠な情報といえます。

　グローバル人材教育は、つぎの三要素にまとめられます。

　①　コミュニケーション能力とそれを支える語学力

　②　主体性・積極性、チャレンジ精神、協調性・柔軟性、責任感・使命感

　③　異文化に対する理解と日本人としてのアイデンティティー

　これらのうち、要素①の測定は比較的容易ですが、要素② ③の資質・能力は単一の尺度では測り難いものです。

　グローバル化が地球規模での相互依存の深化を意味していることは、共通理解となっている一方で、ローカリゼーション（localization）、リージョナリズム（regionalism）等が同時進行していることも忘れてはなりません。現代社会は、ローカル（local、地方）／ナショナル（national、国）／リージョナル（regional、地域）という複雑な重層構造からなる多元社会ですから、

質保証も多義的かつ多面的な視点が不可欠となります。

　グローバル化に対する認識や感覚は、個人個人によって異なります。したがって、グローバル社会との関わり方も人によって大きく異なることになります。四つの例を考えてみましょう。

①　マスコミ等、誰でも簡単に入手できる情報によって、地球規模でのつながりを認識している人

②　グローバル化に関して、より多くの情報や知識に接する機会をもっている人

③　日本国内に在住していても、世界の競争相手を意識しながら仕事をしている人

④　国際機関、多国籍企業あるいは日本国外で、多様な国籍をもつ人々に囲まれて仕事をしている人

　どの立場に身を置いているかによって、グローバル化に対する考え方や切迫度等が異なることは当然で、教育に対するニーズも異なります。すべてに共通していることは、多元化する社会を自立した人間として、市民社会の一員として生きることです（表2-4）。このためには、自律性、主体性・積極性、物事を多面的に捉え考える能力、多様性を理解・尊重する姿勢等が求められます。

　このような基礎的な能力・姿勢を根幹として、専門職業人（プロフェッショナル）として活躍できる能力を養成する必要もあります。グローバル社会では、好むと好まざるに関わらず、組織や個人は世界の動きに影響を受けており、直接的あるいは間接的に競争に巻き込まれています。地域や国内にとどまっていると思われる事業でも、グローバルな視野が必要となっています。一人ひとりが、幅広い教養と深い専門性に根ざしたチャレンジ精神をもつとともに、協調性・柔軟性、責任感・使命感をもつ必要があります。

　このような内容が、大半の人々にとって必須の要素でしょう。しかし、国際社会の中で問題解決とイノベーションを主導できる人材（表2-4のグローバル・リーダー）を、どれだけ多様でかつ多数擁することができるかが、国や組織の将来を左右することになります。このリーダーシップとは、グローバルな場で主体的に活動し、多様な人々と協調し、理解を得ながら、問

表2-4　グローバル社会を生き抜く人材に求められる要素

自立した人間・市民社会の一員	多元化社会を自立した人間として、市民社会の一員として生きる。 ・自律性、自己管理能力、判断力、行動力、物事を多面的に捉える能力 ・価値観、多様性の理解と尊重、アイデンティティー ・時代の変化に対応して積極的に社会を支え、社会を改善していく資質
専門職業人（プロフェッショナル）	グローバルな競争環境の下で、自分自身を高め、他者と強調して生きる。 ・グローバルな視野、知識・情報の吸収力、課題発見・解決能力 ・汎用的能力や専門的能力を含めた職務遂行能力 ・チームワーク、信頼関係を築く人的魅力
グローバル・リーダー	国際社会の多様な人々と交流し、主導的な役割を果たす。 ・上記の各要素を高度化 ・多文化環境に適応する能力 ・問題解決とイノベーションを主導する能力

吉武博通[7]を参考に作成

題解決やイノベーションを主導できる能力をさします。表2-4の三要素は、地位の上下を表すものではありません。すべての学生の目標が、グローバル・リーダーシップを発揮する人材である必要はありません。高等教育に求められることは、グローバル化、多元化が進展する社会の状況を学習する（コラム2-3、p.48）機会を与えた上で、学生自身に、どのように生きていくか、何が必要か等を考えさせることです。

　以上のように、グローバル人材教育は多元的である必要がありますから、質保証の視点も、それぞれの局面に即した多様性が求められることになります。

《注》

（1）　独立行政法人大学評価・学位授与機構編著『大学評価文化の定着─日本の大学は世界で通用するか？』大学評価・学位授与機構大学評価シリーズ、ぎょうせい、2014年、pp. 4-7

（2）　Altbach, P.（我妻鉄也訳）「高等教育におけるグロバリゼーションと国際化」『桜美林高等教育研究』第二号、2010、p. 7

（3）　川口昭彦「東京大学における学士前期課程教育の授業評価」『大学評価』（大学評価・学位授与機構　研究紀要）第2号、2002、pp. 5-18　http://www.niad.ac.jp/n_

　　shuppan/hyouka/hyouka2/__icsFiles/afieldfile/2006/11/21/no9_3_a00201.pdf（アク
　　セス日：2017年2月15日）

（4）　独立行政法人大学評価・学位授与機構『大学評価文化の定着―日本の大学は世界で
　　通用するか？』大学評価・学位授与機構大学評価シリーズ、ぎょうせい、2014年、pp.
　　18-23

（5）　独立行政法人大学評価・学位授与機構『大学評価文化の定着―日本の大学は世界で
　　通用するか？』大学評価・学位授与機構大学評価シリーズ、ぎょうせい、2014年、pp.
　　67-82

（6）　「子供の進路にどう関わっているか？　保護者が重視する「入試制度」」『リクルー
　　トカレッジマネジメント 198』、2016、pp.50-51

（7）　吉武博通「「グローバル化という現実を大学改革を加速させる推進力にできるか」大
　　学を強くする「大学経営改革」」『リクルートカレッジマネジメント 180』、2013、pp.
　　62-65

第 2 章

専門職高等教育の充実と質保証

　第二次世界大戦（太平洋戦争）までの日本の高等教育機関は量的には小規模でしたが、それぞれ独自の個性を発揮していました[(1)]。この多様な高等教育機関は、1947年（昭和22年）に制定された学校教育法によって、6・3・3・4制の単線型に改変されました。すなわち、戦前の高等教育機関は「新制大学」に一元化されました。その後、高等教育は、世界的にも例を見ない速いスピードで量的拡大を果たし、いわゆる「ユニバーサル段階」に突入し、多様化・個性化を図ることが強く要請されるようになりました。

　新制大学は、産業社会の発展に大いに貢献しましたが、最近、社会や企業のニーズと大学が育てている人材にギャップがあるといわれています。産業構造の変化が急速に進む中で、社会が求める人材の育成に大学が十分には対応できていないという指摘です。職業人養成という視点からみると、多くの大学が職業教育を実施はしているものの、大学（短期大学を含みます。）では、幅広い教養教育と学術の成果に基づく専門教育の中で職業教育を行うものとされています。したがって、職業実践知に基づく技能教育については、位置づけが制度的には明確になっていません。このために、産業界と大学とが求める人材像を共有し、実践的な能力の育成に努めることが要望されるようになりました。一方、専門学校（専修学校専門課程）は、制度的に高い自由度をもち、技能教育に特色をもつものの、質保証の面で課題を抱えています。このため、専門学校は、世界的にも高度な技能教育を実施しているにもかかわらず、国際的にはあまり評価されていないという残念な事態となっています。

　この章では、わが国の専門職高等教育の改革に関連して、わが国の雇用環境の変化と職業人教育の充実をめざした複線型教育制度への変革（第1節）、専修学校の職業実践専門課程の創設および実践的な職業教育を行う高等教育機関の制度化（第2節）について言及します。さらに、専門職高等教育の質保証の方向性についても議論します（第3節）。

第1節　日本の雇用環境の変化と複線型教育制度への変革

　これからの知識社会に貢献する人材を如何に育成するかを考える時、日本の職業に関わる能力開発の変化も念頭に入れておく必要があります。新規学卒者の一括採用とともに、終身雇用を前提とした企業内教育・訓練も、わが国の雇用慣行の大きな特徴でした。これまでは、学校において基礎的な知識・技能を身につけさせて、職業に必要な専門的知識・技能は、主に企業内教育・訓練等をつうじて、仕事をしながら育成していくことが一般的でした。学校教育に対しては、大学等の入学者選抜機能を背景に、基礎的な素養をもった学生を送り出す役割により多くを期待し、大学等で「何を学んだか」「どのような能力をつけたか」については、あまり重視しない傾向がありました。ところが、最近のアンケート調査[2]によると、人材育成の課題があるとする企業は全体の約7割に達しています。その理由として、指導する人材や時間の不足等があげられています。具体的には、非正規雇用の増加により、正規雇用者の労働時間の増加が企業内教育・訓練中心の人材養成に割く時間を圧迫していること、日本の企業の大半を占める中小企業が厳しい経済状況の下で人材育成にかける費用・時間を縮小していること、せっかく育成しても辞めてしまうのではないかという不安から企業内教育・訓練を実施する動機づけが低下していること等、企業が人材育成を行う余裕を失っている状況が窺えます。

　さらに、非正規雇用者の増加が、職業能力の形成に問題を生じさせています。一般的に、非正規雇用者は、正規雇用者に比べて企業内教育・訓練を受けられる機会が限られており、自発的な取組による能力向上を求められる傾向にあります[2]。したがって、正規雇用となるために中途採用を行う際には、企業は専門的な知識・能力を重視する傾向になります。

　わが国では、少子・高齢化が進み、生産年齢人口が減少しています。一方で、知識や技術は日進月歩の進化を続け、産業の高度化が急速に進んでいます。そして、新しい産業・職業が次々と生まれる一方で、今ある職業の多くが、近い将来、新しい職業に入れ替わっていくことを想定しなければなりま

せん[(3)]。また、多くの仕事がコンピューターに置き換えられ、人が担う仕事の領域も変貌していくものと予測されています[(4)]（コラム２−４）。物流、営業、事務および秘書業務、サービス業、製造業等は、コンピューターによって代替される可能性が高いのに対して、経営、財務、エンジニア、教育、芸術、ヘルスケア業務等はコンピューターによる影響は少ないとされています。

コラム２−４

これからの20年で現在のアメリカ合衆国の**雇用の50％以上がコンピューターに代替**される。

上述のような、雇用慣行や雇用形態の変化、生産年齢人口の減少、職業環境の変貌等が高等教育の育成すべき人材像に影響を与えています。とくに、事業現場の中核を担い、現場レベルの改善・革新を牽引する能力を備えた、創造力と実践力の豊かな専門職業人の養成が課題となっています。

第二次世界大戦後の高等教育は、旧制の大学、高等学校、専門学校、高等師範学校等の諸機関が単一の四年制大学に改編されました。職業人教育については、幅広い教養教育（一般教育等）と、これを基盤とした専門教育の中で、その養成を一体的に行うものとされました。しかしながら、職業人教育を含む幅広い機能が高等教育に期待されるようになり、単線型教育体系の中で、その期待に応えるために高等教育改革が進められました。社会的背景と教育改革の関連事項（表２−５）を比較すると、第二次世界大戦後に整理された単線型高等教育体系が、年を追うごとに職業人教育を中心に多様化していく様子が窺えます。

高等教育機関の制度的な種別化については、暫定的な短期大学制度の導入に始まり、新しいタイプの高等教育機関が創設されました。さらに、産業界の強い要請を受けて、工業・商船の分野（現在は経営、デザインの分野等もあります。）で中堅技術者養成を行うことを主たる使命とする５年制の高等専門学校が発足しました（1962年）。

1976年（昭和51年）には、修業年限１年以上、年間授業時間800時間以上の、保健・医療、保育、情報、外国語、服飾、秘書、料理等の専門分野で、専門職業教育を行う「専修学校」が創設されました。学校教育法の中で専修学校

表2-5　第二次世界大戦後の教育改革と社会的背景

年　　代	社会的背景	主な教育改革と関連事項
1945年頃～ 1952年頃	占領下における教育の民主化 機会均等の理念	憲法、教育基本法の制定（1947年） 単線型学校体系の導入（1947年）
1952年頃～ 1970年頃	産業経済の高度成長 教育の量的拡大に対応した制度	高等専門学校制度の創設（1962年） 短期大学の恒久化（1964年）
1970年頃～ 1985年頃	経済の安定成長 知識詰め込み型教育の弊害 受験戦争の激化、教育の質的改善 大学の新増設について抑制的対応	新構想大学の設置（1973年～） 専修学校制度の創設（1976年）
1985年頃～ 2000年頃	産業構造の変化 国際化・情報化の進展 個性重視 生涯学習体系への移行	大学設置基準の大綱化（1991年） 専門大学院の創設（1999年）
2000年以後	社会のグローバル化 行き過ぎた平等主義による教育の画一化 21世紀にふさわしい教育 豊かな人間性の育成	専門職大学院の創設（2003年） 認証評価制度の導入（2004年） 国立大学の法人化、公立大学法人制度の創設（2004年） 株式会社立大学を認める構造改革特区（2004年） 薬学教育6年制開始（2006年）

は、「職業もしくは実際生活に必要な能力を育成し、または教養の向上を図る」ことを目的とする学校であるとされ、実践的な職業教育、専門的な技術教育を行う機関として、多岐にわたる分野でスペシャリストを育成しています。専修学校は、誕生以来40年を経て、わが国の職業教育を担う機関として進化してきました（表2-6）。

　専修学校には、入学資格の違いによって、三つの課程があります（図2-1）。専門学校の2年制かつ総授業時間1,700時間の課程修了者には「専門士」の称号が付与され、短期大学卒業者と同等以上の学力があると認められる者として、大学への編入学の資格が与えられます。4年制かつ総授業時間3,400時間以上の課程修了者には「高度専門士」という称号が付与され、大学卒業者と同等以上の学力があると認められる者として、大学院の入学資格が付与されます。

　専修学校の数や学生数は、制度発足時は893校、10万人程度にすぎません

表2-6　専修学校進化の歴史

専修学校制度の成立（1976年）：1975年（昭和50年）に一部改正された学校教育法を受けて新しい学校種として誕生。
大学入学資格付与指定校（1986年）：3年制の専修学校高等課程のうち、修業年限が3年以上、総授業時間数が2,590時間（普通科目の総授業時間数が420時間）以上等の要件を満たす学科修了者に対して、大学入学資格を認める。これによって、専修学校高等課程が、高等学校と並ぶ正規の後期中等教育機関と位置づけられる。
多様な学校種との相互学習評価（1991年より）：大学等における専門学校教育の単位認定（1991年）、高校における専修学校教育の単位認定（1993年）、専修学校における大学等の学修の履修認定に係る範囲拡大（1999年）、専修学校が授業科目の履修とみなすことができる学習の範囲拡大（2012年）
称号「専門士」の創設（1995年）：修業年限が2年以上、卒業に必要な授業時間数が1,700時間以上、試験等によって成績評価を卒業認定を行っている専門課程の修了者に付与される。一部の国家試験の受験資格として認められる。
大学編入学（1999年）：所定の条件を満たした専門学校卒業生の大学編入学が認められる。ただし、受け入れの可否や応募資格は大学によって異なる。
通信制・単位制の制度化（2002年）：専修学校のすべての課程において、通信制および単位制学科の設置が可能となる。
称号「高度専門士」の誕生（2005年）：修業年限が4年以上、期間をつうじて体系的な教育課程を編成し、修了に必要な授業時間数が3,400時間以上等の要件を満たした専門課程の修了者に付与される。大学専攻科や大学院への入学資格も付与される。

図2-1　専修学校と他の学校種との関係

でしたが、2013年（平成25年）には、3,400校を超え、学生数は70万人近くに膨れ上がっています。このうち、専門学校は、2,800校を超え、わが国の職業人教育を担う重要な高等教育機関となっています。専門学校は、"職業教育に強い"、"資格取得に有利"、"就職は万全"等といわれ、企業等との連携を図りつつ実践力のある人材を送り出しています。とくに、国家資格取得を視野に入れている工業系、衛生系（栄養・調理・理容・美容）、医療系、教育・福祉系等においては、現場実習や演習等で企業や各種機関・施設との関係が強くなっています。

　専門職大学院（専門職学位課程）は、科学技術の進展や社会・経済のグローバル化に伴って、社会的・国際的に活躍できる高度専門職業人養成のニーズに対応するために、高度専門職業人の養成に目的を特化した課程として創設されました（2003年）。これは、専門大学院（1999年創設）から発展的に移行して、創設されました。専門大学院も高度専門職業人の養成に特化した大学院として制度化されましたが、この制度は、従来の大学院修士課程の枠組みの中での制度設計でしたから、実践的な教育を展開する上で、いくつかの制約があり、設置数はわずかにとどまりました（3年間で6研究科・専攻）。このため、さまざまな職業分野の特性に応じた柔軟かつ実践的な教育を可能とする枠組みとして、専門職大学院制度が設計されました（表2－7）。

　専門職大学院は、修了要件として論文作成を必須とせず、実務家教員が参画しての事例研究、現地調査または双方向・多方向に行われる討論・質疑応答のような方法による授業を体系的に実施しています。また、社会人に配慮した入学者選抜、夜間開講、サテライトキャンパスの設置、短期コースの設定等の取組も進められています。2016年度現在、117大学に169専攻が設置され、一定程度の制度普及定着が図られてはいますが、課題については第3章第1節（p.73）で議論します。

　1940年代後半からほぼ半世紀にわたって続いた体制の大きな転換点が、1991年に施行された大学設置基準の改正（いわゆる「大綱化」）です。この大綱化は、重要な意味をもっており、新制大学の大きな転機になりました。すなわち、当時まで、設置基準によって大学として満たすべき要件を厳しく

表2-7　専門職学位課程と修士課程の比較

		専門職学位課程			修士課程
		専門職大学院	法科大学院	教職大学院	
標準修業年限		2　年	3　年	2　年	2　年
修了要件		30単位以上	93単位以上	45単位以上（内10単位以上は学校等での実習）	30単位以上修士論文作成（研究指導）
専任教員	必置教員	修士課程を担当する研究指導教員数の1.5倍の数＋研究指導補助教員数			―
	兼務	一個の専攻に限り、博士課程（一貫制または後期）との兼務可能		一個の専攻に限り、博士課程（一貫制または後期）との兼務可能（平成31年度から）＊	学士課程および一個の専攻に限り、博士課程（一貫制または後期）との兼務可能
実務家教員		3割以上	2割以上	4割以上	―
授業方法		・事例研究・現地調査・双方向・多方向に行われる討論・質疑応答	①同左②少人数教育が基本（法律基本科目については50人が標準）	①同左②学校実習・共通科目は必修	―
学　位		○○修士（専門職）	法務博士（専門職）	教職修士（専門職）	修士（○○）
認証評価		分野別認証評価として、文部科学大臣より認証を受けた認証評価団体の評価を5年ごとに受審することが義務づけられている。			機関別認証評価の一部として実施

＊学士課程・修士課程・博士課程（前期）の必置教員数の3分の1まで兼務可能（平成30年度まで）

規定していましたが、この要件を弾力化しました。この大綱化によって、各大学の創意工夫による柔軟なカリキュラム編成が可能となり、多くの大学で職業人教育を視野に入れたカリキュラムの見直しが進みました。また、表2-5（p.58）から理解できるように、高等専門学校から始まった多様化は、職業人教育の見直しともいえます。知識社会が進展すると同時に企業内教育機能が低下し、企業等で活動する上での高度な職業人教育が、大学の人材養成機能に対する社会の期待につながったわけです。

第2節　職業実践専門課程の認定と専門職大学の制度化

　これまで職業教育を支えてきた専修学校についても、社会の要請に応える
ために、職業実践専門課程の認定が行われ、さらに新しい専門職大学の制度
化も急ピッチで進められています。

　中央教育審議会[5]は、「雇用・労働を巡る環境の変化、知識・技能や人材
需要の高度化、職業の多様化等が進む中、高等教育機関においては、職業教
育をつうじて、自立した職業人を育成し、社会・職業へ円滑に移行させるこ
と、また、学生・生徒の多様な職業教育ニーズや様々な職業・業種の人材需
要に応えていくことが求められており、このような職業教育の重要性を踏ま
えた高等教育を展開していくことが必要」と指摘しています。その上で、「現
在の高等教育における職業教育の位置づけや課題、また実践的な知識・技能
を有する人材の育成ニーズや高等教育機関が職業教育において果たす役割へ
の期待の高まりを踏まえると、高等教育における職業教育を充実させるため
の方策の一つとして、職業実践的な教育のための新たな枠組みを整備するこ
と」と提言しています。

　新たな枠組みは、実践的な知識・技術等を教授するための教員資格、教員
組織、教育内容、教育方法等および、その質を担保する仕組みを具備するこ
とが要件となっています。この枠組みを制度化し、その振興を図るための方
策の第一段階が、新たな枠組みの趣旨を既存の高等教育機関において活かし
ていくことです。そして、第二段階が新たな学校種の制度を創設することで
す。この節では、第一の方策および第二の新たな学校種の制度化について解
説します。

　第一の具体的方策は、企業等との密接な連携により、最新の実務の知識等
を身につけるよう教育課程を編成し、より実践的な職業教育の質の確保に組
織的に取り組む専門課程を文部科学大臣が「職業実践専門課程」として認定
し、奨励する仕組みづくりです。この課程は、実践的な職業教育の水準の維
持向上を図るとともに、生涯学習の振興に資することを目的としています
（コラム2-5）[6]。

コラム 2-5

職業実践専門課程の目的

　専修学校専門課程のうち、**企業その他関係機関との連携**の下、当該課程の目的に応じた分野における**実務に関する知識、技術及び技能を教授**し、職業に必要な実践的かつ専門的な能力を育成することを目的とするものを「職業実践専門課程」として文部科学大臣が認定することにより、専門課程における実践的な**職業教育の水準の維持向上**を図り、もって**生涯学習の振興**に資すること。

　「職業実践専門課程」の制度は、企業や業界団体等との連携による教育の実施および学校評価や情報提供による質の保証・向上を主な基軸としています。具体的には、表 2-8 に示す要件を満たす課程について、都道府県知事の推薦に基づいて、文部科学大臣が認定することになっています。平成25〜27年度の 3 年間で、833校（全学校の29.5%）、2,540学科（修業年限 2 年以上の全学科の36.2%）が認定されています。平成25・26年度に認定を受けた470校、2,042学科に対するアンケート調査結果[7]（回収率72.4%）によると、認定を受けた効果として、①学校経営の方針・方法や教職員の意識に変化がみられる、②就職先となりえる企業・業界からの好意的な評価がみられる、等のポジティブな影響が確認されています。

表 2-8　職業実践専門課程の認定要件

・修業年限が 2 年以上。総授業時間が1,700単位時間以上または62単位以上
・企業等との連携体制を確保して、授業科目の開設その他の教育課程の編成
・企業等と連携して、実習、実技、実験または演習を実施
・企業等と連携して、教員に対して、実務に関する研修を組織的に実施
・学校の自己評価に加え、企業等と連携して、学校関係者評価と情報公開を実施

　学校教育法においては、専修学校の修業年限は、「 1 年以上であること。」（第124条）とされています。また、専修学校設置基準においては、単位制の専門学校の 1 年間の授業時数は、「30単位を下らないものとする。」（第20条）とされています。しかし、職業実践専門課程の修業年限および授業時数については、職業に必要な実践的かつ専門的な能力を育成する目的を達成するた

めの学習量として求められるものです。この要件を満たすことによって、課程修了者は、大学編入学資格を得ることが可能となります。

　社会・産業界のニーズを十分踏まえつつ実践的かつ専門的な職業教育を実施するために、企業や業界団体等と専修学校の教職員の参画する教育課程編成委員会を設置し、実務に必要となる知識、技術、技能等について検討し、カリキュラム編成に生かしていくことが必要です。また、実習・演習等の授業については、企業等との協定書等を締結し、連携しながら授業内容の検討や授業の実施、成績評価等を行うことが求められます。

　教員の資質向上は重要なテーマです。実務に必要となる知識、技術、技能等を反映した教育活動を実践するために、企業等と連携して、実務に関する教員研修および授業の指導力等の教員研修を行うことが必要です。

　教育活動その他の学校運営の状況について評価を行い、その結果に基づいて教育水準の向上に努めることが義務づけられています。学校による自己評価はもとより、企業等が学校関係者として評価に参画する「学校関係者評価」の実施およびその結果の公表を行うことが求められます。さらに、その結果を踏まえた学校運営の改善に取り組むことが認定要件となっています。学校関係者評価は、専修学校については「努力義務」ですが、認定を受けるためには「実施義務」となっています。

　中央教育審議会[8]は、実践的な職業教育を行う高等教育機関の制度化を答申しました。諸外国では、高等教育段階の職業教育を行う体制が整備され、成果をあげています。この答申では、わが国は、生産・サービスの現場の人材の優れた技術力・実践知（現場の力）を強みとして、経済の高度成長を成し遂げてきたと評価しています。その上で、21世紀の産業や職業について、今までの議論と重複する部分も多々ありますが、次のように分析しています。知識・技術は日進月歩の進化を続け、産業の高度化や押し寄せる革新（イノベーション）の波の中で、産業構造の転換の速度は一層速くなり、各企業等は流動的で先行き不透明な状況下での競争に直面しています。わが国では、世界に類を見ない早さで少子・高齢化が進行し、生産年齢人口は確実に減少しつつあります。とくに、地方では、若年世代の流失と首都圏への一極集中により、深刻な人手不足と地域経済の縮小が、現実となっています。同

時に、さまざまな産業は世界市場と直接つながり、都市・地方を問わず、多くの企業にとって喫緊の課題となっています。

さらに、第1節（p.56）で記述しましたように、新卒一括採用・終身雇用に代表される日本型雇用慣行が変容しつつあるとともに、実践的な職業知識・技能の育成は主として企業等の役割という考え方にも変化が現れてきています。これらによって、同質的といわれてきた日本の職場環境にも変化がみられるようになり、個々の企業等の中に集積されてきた暗黙知を形式知化して継承すること、そして、これらを理論化・体系化して、生産性の向上につなげることの重要性が指摘されています。

産業の高度化・複雑化にともなって、職業人に求められる能力も高度化・多様化しています。個々の職業人にとっては、自分の従事する職業における専門性の高度化を図るとともに、複雑・未知の課題に対応できる実践力の強化が求められます。産業構造の変化や職業の激しい盛衰によって、雇用も流動化の方向に進んでいます。このために、一人の職業人が、生涯にわたる職業生活の中で、キャリア変更やキャリア・アップを図らなければならない機会も増えています。

以上のような分析を踏まえて、今後の職業教育には、現在の職業の中での専門性を高めるとともに、将来の変化を見据えて幅の広い力を育てるという、両面の要請に応える人材養成の必要性が強調されています。すなわち、座学や理論の教育のみならず、産業界等と連携して、①専門分野における高度で実践的な専門性を身につけると同時に、②専門の中に閉じこもるのではなく、変化に対応できる能力や、生涯にわたり学び続けるための力（基礎的・汎用的能力や教養等）を備えた人材の層を厚くしていくことが求められており、その両面に対応できる教育の仕組みが必要となっています。

日本の高等教育は、現在、大学・短期大学、高等専門学校および専門学校の各高等教育機関が担っており、これら高等教育機関へ進学する者の割合は、全体で18歳人口の約8割に達しています。多くの若者にとって、高等教育は、社会に出る直前の最後の教育段階であり、この段階での、学校から社会・職業への移行を見据えた職業教育・キャリア教育が、より一層重要となっています。高等学校卒業者の約半数が大学へ進学しており、大学生の実

態も多様化しています。さらに、社会全体をつうじて職業教育に対する認識が不足しており、普通教育より職業教育が、あるいは学問の教育より職業技能の教育が、ともすれば一段低くみられる傾向があります。大学に進学すること自体を評価する社会的風潮があるともいわれています。このような状況下で、大学に入学した学生は、必ずしも、アカデミックな教育を受けることに意欲・適性をもった者ばかりでなく、職業技能の教育に適性を有する者が、いわゆる「高学歴志向」「大学志向」の流れに沿って、大学に進学をしている場合も多々あります。この結果、大学入学後に、十分な目的意識や意欲をもって学修に取り組めない等のミスマッチを抱えている者も少なくないと指摘されています。

　産業構造の変化や職業の高度化に対応するために、知識・技能を改めて学校で学び直したり、専門性をより高めたりすることの重要性は、一層増しています。高等教育機関においても、こうしたニーズに応えるように、社会人受入れの取組が進められています。しかしながら、現状として、わが国の大学等における社会人受入れは、世界の水準に比較して低調です。

　以上の考察から、職業人材養成をめぐる課題を整理すると、現行の大学・短期大学は、幅広い教養教育と学術の成果に基づく専門教育の中で職業教育を行うものとされ、職業実践知に基づく技能の教育については、制度上、明確な位置づけがないままとなっています。一方、技能教育に強みをもつ専門学校は、制度的自由度の高さの裏面として、質保証の面での課題があります。このような状況下で、大学等の既卒者が職業に必要な能力を身につけるため専門学校に再入学したり、大学等の現役学生が資格取得等をめざして、いわゆる「ダブルスクール」で学んでいる状況もあります[9]。専門職業人養成の一層の強化に向けて、わが国の高等教育体系の中に、職業教育の機能を積極的に位置づけ、その役割の明確化を図ることが必要となっています。

　諸外国では、それぞれの国の実情に即して、実践的な職業教育を志向する高等教育機関を大学体系の一部に位置づけたり、職業志向の学位課程を創設したりする等の制度改革が進められています。このような状況判断や議論を踏まえて、答申[8]は大学制度の中に位置づけた新しい高等教育機関の創設を提言しました。この教育機関の名称としては、学士課程相当の課程を提供す

る機関は「専門職大学」、「専門職業大学」等、短期大学士課程相当の課程を提供する機関は「専門職短期大学」、「専門職業短期大学」等が考えられています。いずれにしても、専門性が求められる職業を担うための実践的な能力を育成するための教育機関であることを表し、この教育活動等について正しく理解され、社会に受け入れられるようにすることが肝要です。

　新しい教育機関の目的は実践的な専門職業人の養成であり、この機関が身につけさせなければならない資質・能力を表2-9の5項目にまとめました。逆のいい方をすれば、新しい機関は、このような教育をもって特徴づける必要があります。これらの5項目のうち、第1項目から第4項目までは、専門とする特定の職業、一定の産業・職業分野に関して身につけなければならない能力であり、第5項目は、職業人として共通に身につけるべき能力です。

表2-9　新たな高等教育機関が身につけさせるべき資質・能力

①**専門高度化**：専門とする特定の職業に関し、高度な専門的知識等を与え、理解を深化
②**実力力強化**：専門とする特定の職業に関し、卓越した技能等を育成するとともに、実践的な対応力を強化
③**分野全般の精通等**：一定の産業・職業分野に関し、当該分野全般の、又はその関連の基礎知識・技能等を育成
④**総合力強化**：実践的技能や、実践知と理論知、教養等を統合し、課題の解決や、新たな手法等の創造に 結びつけられる総合的な能力を育成
⑤**自立した職業人のための「学士力」育成**：職業人としての基礎的・汎用的能力や教養、主体的なキャリア形成を図るために必要な能力を育成

　実践的な専門職業人育成をめざした教育機関創設のため制度設計にあたっては、表2-10に示した視点に沿って、教育内容・方法、教員組織等を検討した上で、平成31年度からの発足をめざして、設置基準、設置審査方法、質保証体制等の法的整備が進められます。

表2-10　新たな高等教育機関の制度設計にあたり重視すべき視点

・理論と実践の架橋による職業教育の充実
・産業界・地域等のニーズの反映、産業界・地域等との連携による教育の推進
・社会人の学び直し等、多様な学習ニーズへの対応
・高等教育機関としての質保証と国際的な通用性の担保、実践的な職業教育にふさわしい教育条件の整備

第3節　専門職高等教育の第三者質保証

　第三者質保証が高等教育にとって必要不可欠なツールであることは、今や国際的に共通の認識となっています。大学（大学院を含みます。）、短期大学、高等専門学校は、機関全体の教育活動等の状況について、7年ごとに機関別認証評価を受審することが義務づけられています。これに加えて、専門職学位課程をもつ大学院である専門職大学院については、5年ごとに専門分野別認証評価を実施することが義務づけられています。分野ごとに認証評価機関が設置されており、各専門職大学院は、それぞれの認証評価を受審しています[10]。

　新しく創設される専門職大学は、大学体系に位置づけられますから、大学に準じて認証評価を受審することが義務づけられることになるでしょう。専門職大学の分野は、非常に多様ですから、分野別（プログラム別）質保証の観点からの評価を取り入れることは不可避です。さりとて、機関別認証評価と専門分野別認証評価を別々に実施していくことは、あまりにも煩雑であり現実的ではありません。機関別評価と分野別評価を一体的に行う等、効率的な評価方法の導入が必要です。さらに、専門職大学の第三者質保証システムを考える時に、分野によっては、文部科学省以外の省庁等による資格試験、資格認可等のシステムを視野に入れる必要があります。

　第三者質保証のあり方については、文部科学省「職業実践専門課程の各認定要件等に関する先進的取組の推進」事業で検討されています。この事業では、ファッション、情報・IT、ゲーム・CG、美容、介護福祉、理学・作業療法、自動車整備、柔道整復師養成の各分野のコンソーシアムごとに、評価基準や評価方法等が検討されています。これらの取組の中で、美容分野の取組を以下に紹介します。

　一般社団法人専門職高等教育質保証機構（以下「機構」と略します。）は、美容分野コンソーシアムと共同して、試行的第三者評価を実施しました[11]。この評価は、専修学校職業実践専門課程の教育水準の維持および向上を図るとともに、その個性的で多様な発展に資すること、学校の活動に関して説明

責任を果たすことを目的としています。この試行的評価をつうじて、専修学校職業実践専門課程や専門職大学の第三者質保証を実施する上での問題点・課題を洗い出し、将来の本格的実施をめざしています。

　機構が実施した試行的第三者評価の評価基準を表2-11に示します。評価基準は、五つの基準から構成されています。基準ごとに、その内容を説明した上で、基本的な観点（24項目）が設定されています。対象学校には、すべての基本的な観点について自己評価することが求められます。機構が定めた評価基準に基づいて実施しますが、その判断にあたっては、学校の個性や特色が十分に発揮できるよう、学校が有する「目的・目標」を踏まえつつ実施します。このため、基準の設定においても、学校の目的・目標を踏まえた評価が行えるような配慮がされています。また、基準2および基準3について

表2-11　職業実践専門課程の評価基準

基準1　目的・目標の設定および入学者選抜
・学校の目的・目標が、社会との接続の観点を含めて具体的に設定されているか、さらに、その目的・目標が、職業実践的な教育に適したものとなっているかを評価 ・入学者受入方針に沿って入学者選抜が適切に実施され、実入学者数が、入学定員と比較して適正な数となっているかについて判断

基準2　専修学校設置基準および美容師養成施設指定規則等の適合性
・専修学校設置基準および美容師養成施設指定規則等の定める、教員資格、教員数、授業時数、校地校舎の面積、施設等に適合していることを認定 ・学校の目的・目標に照らして、教育課程が体系的に編成されており、その内容、水準、授与される職業資格との関係において適切であり、当該職業分野の期待に応えるものになっているかどうかを評価

基準3　職業実践専門課程の認定要件の適合性
・職業実践専門課程の各認定要件に適合していることを認定 ・「企業等と連携した組織的な教員研修の実施」および「企業等と連携した学校関係者評価の実施・公表」に関する要件については、基準4において評価

基準4　内部質保証
・自己点検・評価および企業と連携した学校関係者評価が適切かつ定期的に実施され、それらの結果が適切に質の改善・向上につながっているかを評価 ・教職員等に対する研修（ファカルティ・ディベロップメント、スタッフ・ディベロップメント）等、教職員の資質の向上を図るための取組が適切に行われているかを評価

基準5　学修成果
・目的・目標に設定されている学修成果等の達成状況を評価 ・職業実践専門課程認定要件に係る教育内容等や、学校が意図している学生が身につける学力、資質・能力や養成しようとする人材像等に関する学修成果があがっているかを評価

は、関係法令および職業実践専門課程認定要件に適合しているかどうかの判断も行います。

　評価の実施にあたっては、美容分野の関係者、高等学校関係者、大学評価経験者等から構成される評価委員会を設置し、学校から提出された自己評価書の書面調査、訪問調査、評価結果の審議・判断を行いました。書面調査、および訪問調査の結果に基づいて、基準を満たしているかどうかの判断は、基本的な観点の分析状況を総合した上で、基準ごとに行います。基準を満たしているか否かの判断だけではなく、対象学校の目的・目標に照らして、とくに重要と思われる点を「優れた点」、「改善を要する点」として指摘し、さらに、優れた達成状況に向けた取組であり、ある程度の成果があがっていると思われる点を「更なる向上が期待される点」として記述しました。

　この質保証の考え方は、関係法令および職業実践専門課程認定要件に適合を判断した上で、対象学校の内部質保証システムが機能しているか否か、学校が目標としている学習成果の達成状況を評価するものです。表2-11の評価基準は、美容分野を対象としたものですが、「美容師養成施設指定規則」を関係法令に置き換えれば、他分野でも利用できる汎用性が高い基準です。現に、ゲーム・CG分野および介護福祉分野では、上記の基準や方法等を参考とした試行的評価が実施されました。

《注》
（1）　川口昭彦著、一般社団法人専門職高等教育質保証機構編集『高等職業教育質保証の理論と実践』専門学校質保証シリーズ、ぎょうせい、2015年、pp. 37-45
（2）　厚生労働省「能力開発基本調査：結果の概要」（平成21年度）http://www.mhlw.go.jp/toukei/list/dl/104-21b.pdf（アクセス日：2017年2月15日）
（3）　Cathy N. Davidson（2011）"Now You See It: How Technology and Brain Science Will Transform Schools and Business for the 21st Century" New York Times Bestseller
（4）　Carl Benedikt Frey and Michael A. Osborne（2013）"The Future of Employment: How Susceptible Are Jobs to Computerisation?" http://www.oxfordmartin.ox.ac.uk/publications/view/1314（アクセス日：2017年2月15日）
（5）　中央教育審議会『今後の学校におけるキャリア教育・職業教育の在り方について（答申）』平成23年1月31日　http://www.mext.go.jp/b_menu/shingi/chukyo/chukyo0/

toushin/1315467.htm（アクセス日：2017年2月15日）

（6）　専修学校の質の保証・向上に関する調査研究協力者会議『「職業実践専門課程」の創設について〜職業実践的な教育に特化した枠組みの趣旨をいかした先導的試行〜（報告）』平成25年7月12日　http://www.mext.go.jp/component/a_menu/education/detail/__icsFiles/afieldfile/2013/09/03/1339277_2_1.pdf（アクセス日：2017年2月15日）

（7）　株式会社三菱総合研究所『「職業実践専門課程」の実態等に関する調査研究報告書』2016　http://www.mext.go.jp/b_menu/shingi/chousa/shougai/027/shiryo/__icsFiles/afieldfile/2016/04/11/1369012_2.pdf（アクセス日：2017年2月15日）

（8）　中央教育審議会『個人の能力と可能性を開花させ、全員参加による課題解決社会を実現するための教育の多様化と質保証の在り方について（答申）』平成28年5月30日　http://www.mext.go.jp/b_menu/shingi/chukyo/chukyo0/toushin/__icsFiles/afieldfile/2016/07/07/1371833_1.pdf（アクセス日：2017年2月15日）

（9）　川口昭彦著、一般社団法人専門職高等教育質保証機構編集『高等職業教育質保証の理論と実践』専門学校質保証シリーズ、ぎょうせい、2015年、p. 16

（10）　川口昭彦著、一般社団法人専門職高等教育質保証機構編集『高等職業教育質保証の理論と実践』専門学校質保証シリーズ、ぎょうせい、2015年、pp. 127-145

（11）　『専修学校職業実践専門課程第三者評価試行　評価基準要綱』（2015）一般社団法人専門職高等教育質保証機構ウェブサイト　http://qaphe.com/eval/techpractice/（アクセス日：2017年2月15日）

第3章

多様な学習ニーズへの対応

　ユニバーサル段階を迎えた高等教育の力の源泉となるものは「多様性（diversity）」でしょう。「グローバル」と「イノベーション」をキーワードとして日本の将来を背負っていく若者を育成するためには、多様な環境下でのお互いの切磋琢磨が肝要です。切磋琢磨によってグローバル人材を育てることが、必要なことではないでしょうか（コラム2-6）。

コラム2-6

　多文化環境の下で切磋琢磨することが、グローバル人材を育成するために不可欠である。

　多様な能力と経験の豊かな人材を育成するためには、学習プログラムやそれを実施する組織の多様性が重要です。これは、雑木林の豊かさに例えられるでしょう。熱帯雨林では、動植物の種類や数が非常に多く、今だに未知の種類の生物が生きているといわれています。そして、多様な動植物が競争と共生を繰り返しながら豊かな雑木林を形成しています。

　筆者の講演の中で高等教育の「多様性」の必要を強調したところ、聴衆の方から「自分の学校は小規模であるので、多様性を求められても難しい？」という質問をいただきました。この質問から、「多様性」については、少なくとも二つの視点からの考察が必要であることに気づきました。高等教育がユニバーサル段階に達していますし、未知の知や技術、新しい価値の創造が求められていますから、多様なニーズへの対応が不可欠です。しかし、一機関・組織だけで、多様なニーズに対応することは不可能です。国・地域全体で多様な高等教育が提供されていることが肝要です。このような視点から、各機関・組織の「個性化」あるいは「特色化」というべきかもしれません。それぞれの機関や組織が、今まで積み上げてきた実績や保有する資源（人的、物的）をもとに、自らが推進する教育研究の個性・特色を発信すべきです。学士課程教育に関する取組や課題については、すでに大学評価シリーズでも

機会あるごと議論してきましたので、この章では、大学院教育に関する課題について議論します（第1節）。

　日本では、各高等教育機関が対応を迫られている教育研究上の課題は確かに多様化しています。設置形態、規模、教育理念、専門性等をみても、高等教育機関・組織の多様化（個性化、特色化）は明らかです。しかしながら、同じ機関・組織の内部では、学生集団の多様性が確保されたわけではありません。課題は、第二の側面である、組織内の多様性です。わが国の高等教育機関は、欧米のそれと比較して、同質性が高いといわれています[1]。第一部第3章第2節（p.31）で提案した能動的学習を有効に機能させるためには、異なった経験をもった学生集団が、彼らの経験を共有することが肝要です。多様性の一つである留学生受け入れに関する課題を第2節および第3節で取り上げます。

第1節　「知のプロフェッショナル」の育成：大学院教育の課題

　知識社会では、高度な専門的知識と倫理観を基礎として自ら考え行動し、新しい知を創り出し、その知から新たな価値を産みだすことが求められます。このためには、既存のさまざまな枠を超えて、グローバルに活躍できる人材である「知のプロフェッショナル（高度専門人材）」を育成することが、わが国の将来にとって喫緊の課題です。現在の社会は、科学技術やグローバル化が急速に進展する一方で、世界金融不安、資源の枯渇、環境破壊等が、地球規模で深刻になってきています。さらに、年齢間格差や地域間格差等が一層激しくなり、多文化の共生をいかに実現していくかも問われています。

　「知のプロフェッショナル」の育成を担う重要な教育機能の一つが、博士課程、修士課程や専門職課程等の大学院教育です。社会と恊働して、優秀な高度専門人材を養成するための大学院教育改革の推進とともに、これらの高度専門人材が能力を発揮して活躍できる社会の構築は、わが国のみならず、人類社会の持続的な発展に資するものです。

　わが国の大学院は、1980年（昭和55年）当時、学部の教員組織や施設設備に依存しており、その規模も国際的にみて非常に小規模でした。旧大学審議

会（現在の中央教育審議会大学分科会）の答申「大学院の整備充実について」
および「大学院の量的整備について」（表2-12）から始まった「大学院重点
化」（1991年〜2000年）により、大学院が量的に拡大しました。2014年と
1991年を比較すると、大学院の研究科数は約1.4倍、大学院在学者数は約2.5
倍になりました。そして、大学院を置く大学数（2014年5月1日現在）は、
国立大学86校（100％）、公立大学77校（84％）、私立大学460校（76％）となっ
ています[2]。研究科の内訳は、修士課程1,754、博士課程1,358、専門職学位
課程175となっています。

表2-12　大学院教育改革に関する答申

年	答申主体	答申名
1974年（昭和49年）	大学設置審議会	大学院及び学位制度の改善について
1991年（平成3年）	大学審議会	大学院の整備充実について 大学院の量的整備について
2002年（平成14年）	中央教育審議会	大学院における高度専門職業人養成について
2005年（平成17年）	中央教育審議会	新時代の大学院教育
2011年（平成23年）	中央教育審議会	グローバル化社会の大学院教育

　しかしながら、欧米諸国と比較すると、人口当たりの博士号取得者数や修
士号所得者数は、依然として大幅に少ない状況であり、高度専門人材の層の
薄い状態は解消されていません[2]。たとえば、2010年の人口100万人当たり
の学位取得者数をアメリカ合衆国と比較すると、修士号取得者数で約1／
4、博士号取得者数で約1／2となっています。さらに、大学院生数は、
2011年がピークで、減少しています。学士課程修了者の修士課程への進学率
は、全体的に横ばい傾向にあるものの、修士課程修了者の博士課程への進学
率は、年々減少する傾向（いわゆる「博士離れ」）にあることが懸念材料です。
とくに、博士課程学生数の多い研究大学11校（RU11：北海道大学、東北大学、
筑波大学、東京大学、早稲田大学、慶應大学、東京工業大学、名古屋大学、
京都大学、大阪大学、九州大学）において、博士課程への進学率が、2001年
には23.2％であったのに対して、2011年には16.5％と、6.7％（568名）も減
少しています。

　「博士離れ」は非常に深刻な状況といわざるをえません。この問題は、大学のみの努力で解決できるものではなく、政府を含めた社会と大学の将来を見据えた協働作業が不可欠です。アメリカ合衆国では、上場企業の管理職等の約半数が大学院修了者であるのに対して、わが国の企業役員（従業人500人以上）のうち大学院修了者は、わずか5.9％という調査結果があります[2]。また、産業構造の急速な変化に対応するために、学士課程や修士課程を修了した社会人が、大学院で自らの能力のさらなる向上をめざす「社会人の学び直し」も期待どおりには達成されていません。

　大学教員の在職状況の変化も顕著です。「任期なし」の教員が減少する一方で、「任期つき」教員が若手を中心に急増しています。たとえば、東京大学のデータ（2012年7月1日現在）によると、任期なし教員2,519名（2006年では3,055名）、任期つき教員3,830名（2006年では2,310名）となっており、わずか6年で両者の数字が逆転して、すでに任期つき教員数が任期なし教員数を大きく上回る状況になっています。このような状況は、上記 RU11 に共通であり、任期なし教員のシニア化、若手教員の任期なしポスト減少・任期つきポストの増加が顕著となっています[2]。「博士離れ」には、以上のような背景があります。第2章第1節（p.56）で解説しましたように、日本には伝統的な雇用慣行がグローバル化の潮流の中で変化しつつあり、これを踏まえた社会と大学の一体となった環境整備が急がれます。

　大学に求められるのは、体系的・組織的な大学院教育の推進です。従来の大学院（とくに博士課程）は、研究者養成を目的として研究室単位の研究指導が中心でした。しかし、1989年（平成元年）の大学院設置基準の一部改正により、博士課程の目的として、「研究者として自立して研究活動を行い、又はその他の高度に専門的な業務に従事するに必要な高度の研究能力及びその基礎となる豊かな学識」と、新たに下線部分が加わりました。これに基づいて、各大学では、1991年（平成3年）からの大学院重点化にあたり「高度専門職業人の養成」を謳いましたが、大部分の大学では、「高度専門職業人の養成」のための具体的なプログラムが提案されたわけではありませんでした。

　今後、学士課程と同様に、博士課程、修士課程、専門職学位課程の各専攻

ごとに、学位授与方針（ディプロマ・ポリシー）、教育課程編成・実施方針（カリキュラム・ポリシー）、および入学者受入方針（アドミッション・ポリシー）を一体的に策定して、社会や学生にわかりやすく提供することが望まれます。

　最近、研究活動における不正行為の事案や博士号取り消しの事案が、残念ながら発生しています。このような事案は、わが国の博士号に対する信頼を失墜しかねないばかりでなく、社会の科学に対する信頼を揺るがし、科学の発展を妨げかねないものです。プロフェッショナルな職にある者には、高度な専門的能力だけではなく、高い倫理意識も求められます。したがって、各大学院では、学生の研究倫理に関する規範意識の徹底、研究倫理教育の実施、研究指導・博士論文審査体制の改善等に取り組むことが急務となっています。この問題については、第三部第3章第3節（p.149）で詳しく議論します。

第2節　学士課程教育に資する英語によるコースの強化・拡充

　世界の留学生総数は420万人を超えており、いかに優秀な学生を集めるかが高等教育機関や政府の知恵のしぼりどころです。優秀で向学心をもった学生を国内外から発掘し、彼らを育てることが高等教育機関の将来にとって重要であり、その国の将来をも左右してしまうことになります。しかし、留学生を迎え入れること自体が目的ではありません。国際化によって、自らの教育研究の質の改善・向上を期待し、その結果としてグローバル社会に貢献する人材を養成することが本来の目的です。

　日本の高等教育にとって「グローバル人材の育成」が柱の一つであることは、大学関係者のみならず、社会一般の共通認識です。ひと言でグローバル人材育成といっても、それには多くの意味や取組が含まれています。たとえば、2008年（平成20年）に策定された「留学生30万人計画」もその一つです。この計画は、2020年を目処に、30万人の留学生受入れをめざすものですが、その具体的な方策の一つが、2009～2013年度に実施された文部科学省の国際化拠点整備事業（2011年度からは「大学の国際化のためのネットワーク形成推進事業」と改称しました。）、いわゆる "グローバル30" です。この事業の

最大の目玉は「英語による授業のみで学位が取得できるコース」（以下「英語コース」と略します。）の大幅な増設でした。この推進事業によって、実施拠点となった大学[3]における英語コースの開設数は、学士課程と大学院課程を合わせて約300コースとなり、事業実施以前のほぼ2倍にまで増加しました。

　グローバル30は、国内トップクラスの大学が実施拠点として名を連ねたこともあり、海外の優秀な学生の受入れを促進する即効性の高い施策として衆目を集めました。しかし、「進学校・偏差値・難関大学」といった国内の大学受験の感覚で、世間が最も敏感に反応したのが、東京大学の英語コースの入学辞退率であったことは関係者の苦い記憶でもあります[4]。統一試験のスコア、書類選考と面接による国際的なAO入試では、志願者が複数大学へ併願するのが当たり前であり、海外の大学との学生獲得競争もあって、国内の学生を対象とする一般入試に較べれば、入学辞退者の割合は極めて高くなっています。しかし、本当に心を砕かねばならないのは、入学辞退率の高低ではありません。高等教育への財政支援が必ずしも潤沢ではない中で、グローバル30で始まった英語コースを如何に維持し、さらには強化・拡充していくのかということの方が、遥かに深刻な問題なのです。

　この節では、英語コースの入学者選抜の実施や教育改革の一環として英語コースの強化・拡充の検討に携わった筆者の経験から、とくに学士課程に設置された英語によるコースの課題と展望について考察します。この節で記述する内容は、特定の事例に基づく筆者の考えであり、多くの大学で実施されている英語コースに、そのまま当て嵌まるとは思えませんが、多かれ少なかれ共通する問題を含んでいるものと考えます。

英語コースの入学者は日本人学生とどう違うのか

　多くの国々の若者との交流が行われ、文化圏の異なる学生たちの経験が共有されることは有効なことです。留学生は、初等・中等教育段階では、わが国とは異なるプログラムで教育を受けてきていますから、当然身についている知識や学力は異なります。また、知識・学力を体得するための学習方法そのものも大きく異なっています。したがって、組織全体の学習成果を高めるためには、受け入れた留学生の学力の質や特性を正確に把握することが肝要

です（コラム2-7）。

```
コラム2-7
```
　留学生を受け入れ、教育プログラムを作成するにあたり、彼らが身に
つけている**知識、能力、技能を分析**し、**把握**することが不可欠である。

　この節で事例として取り上げる、東京大学の学士課程に設置された「英語
による授業のみで学位が取得できるコース」の概要を簡単に紹介します。こ
の教育プログラムは「教養学部英語コース（PEAK: Programs in English at
Komaba）」とよばれています。このプログラムは、グローバル30の採択を
受けて、初等・中等教育を日本語以外で履修した学生を対象とする4年間の
学士課程プログラムとして、2012年度に東京大学教養学部に設置されまし
た。同年10月に学生の受入れを開始し、2016年9月には第一期学生が卒業を
迎えました。

　PEAKは、1・2年生の前期課程「国際教養コース」、および3・4年生
の後期課程「国際日本研究コース」、「国際環境学コース」から構成されてい
ます。東京大学の学士課程は、学生が文科・理科の6科類からなる教養学部
に入学し、2年間の学部前期課程を経て「進学選択」によって専門学部に進
学する、いわゆる二層型構成[5]となっています。PEAKも外形的には同様の
構成となっています。

　国際教養コースの入学者選抜は、書類選考と面接審査によるAO方式で
行われます。このAO入試では、入学志願者の学習履歴に応じて、国際バ
カロレア（IB：International Baccalaureate）、アメリカ合衆国の大学進学希
望者を対象とした共通試験（SAT：Scholastic Assessment Test）、イギリ
スの大学入学資格（A-Level：Advanced Level）等、複数の学力基準を入
試判定に用います。それぞれの学力基準に対して設定される受入れ要件は、
英米の有力大学と比較してほぼ同等のレベルです。したがって、国際教養
コースの合格者は、英米の有力大学に合格する実力をもっており、実際に少
なからぬ数の受験者が海外の複数の有力大学にも合格しています。彼らは、
将来のキャリアパスや奨学金の有無等を比較しながら、入学する大学を最終

的に選択するため、国内の一般入試に較べて入学辞退率が高くなるのは当然ともいえるでしょう。

　しかし、英語コースの AO 入試と一般入試の相違は、単なる入学辞退率の違いだけではありません。AO 入試における本質的な相違は、異なる地域・異なる教育プログラムで学習してきた、それこそ多様な学習履歴をもつ入学者を受け入れていることです。その結果、AO 入試による入学者は、一般入試による入学者（いわゆる一般学生）と比較すると、これまで学部教育の前提としてきた入学時の基礎学力・基礎知識が、必ずしも十分には備わっていません[6]。この傾向は、とくに数学・物理・化学等の理系科目に関して顕著に表れます。

　ただし、誤解のないように付け加えるならば、ここでいう「基礎学力・基礎知識」とは、日本国内の初等・中等教育で学ぶべき教科や学習範囲を前提として、入学者が身につけていて欲しい学力・知識を意味しており、個々人の本質的な知的能力とは区別されるべきものです。英語コースの入学者に、これまでに学習してこなかった科目に関する学力・知識が不足しているのは当然であり、一方、論理的・批評的な思考力、コミュニケーション能力や学習意欲等の点では、英語コースの入学者の方がむしろ優れていると評価する教員が多数います。

　このような実態から、一般学生を対象としたこれまでの教育カリキュラムの授業内容を単に英語化するだけでは、英語コースの入学者に適した教育を提供できないという、いわば当たり前のことが結論できます。これは、コースを開設する際に当然予想されたことですが、偏差値で輪切りされて入学してくる学生の教育に慣れ切ってしまった教員が頭で想像していたのと、教育現場で実感するのとでは大きな違いがあります。

英語コースをどのように強化・拡充し、活用していくのか

　大学は英語コースの入学者をどのように育て、どんな人材として送り出していくべきなのでしょうか。さらに、グローバル人材育成という観点から、英語コースをどのように位置づけ、強化・拡充していくのでしょうか。

　昨今、教育再生や大学の機能強化の文脈の中で、大学は教育プログラムごとの人材育成の目標を明確に示し、プログラム修了時に学生が身につけた能

力・知識の質を保証することが求められています。英語コースについて、この問題を大学内で論じると、多くの教員に共通する意見は、英語コースの学生に課す修了要件や彼らが卒業時に身につけているべき能力、いわゆる「学士力」のレベルは、一般学生と同等であるべきというものです。海外からの学生を受け入れるために、一般入試とは異なる新たな入口（AO入試）を設けたが、大学としての出口は一つであるという、極めてもっともな考え方です。しかし、そこには無意識のうちに、学生構成の大多数を占める一般学生を「基準」として、彼らが卒業時に標準的に身につけている能力が学士力の共通水準であるという、強い固定観念が存在するように思えてなりません。

　入学時の基礎学力や知識の量という点では、英語コースの学生に較べて一般学生の方が（平均的に）優っていること、一方で、一般入試で測れるような学力・知識とは異なる能力の点で、英語コースの学生が一般学生にはない"強み"を持っていることを前に述べました。そこで、卒業時の学士力についても、入ってきたときの素材が違うのだから、出るときにも違っているのが当然であり、一般学生を基準とした共通水準を英語コースの学生に当て嵌めるべきではないという考え方もあります。そのような考え方に立てば、英語コースで受け入れた学生は、そのコース内で教育し、そのコースの修了要件を満たせば卒業できるように教育プログラムを設計すればよいことになります。その場合の英語コースは、ある意味で一般学生の教育プログラムとは隔離された、単に海外から（少数の）学生を受け入れるためのプログラムという位置づけになるでしょう。

　他方、グローバル人材育成という観点から、英語コースをより建設的に学士課程教育の中に位置づけることも可能です。そのためには、ただ単に海外から学生を受け入れるための仕組みとして英語コースを捉えるのではなく、異なる入試方式を採って、敢えて多様な学生を受け入れるということ自体の意味を問い直す必要があります。上に述べたことを例にすれば、実際に海外から学生を受け入れてみて、やはり彼らの方が論理的・批評的な思考力やコミュニケーション能力の点で優れていることを実感として認識したのであれば、グローバル人材の育成に向けて、これまで一般学生を基準にして想定してきた学士力の水準を見直すことも必要ですし、教育プログラムや教育方法

を改善していく必要もあるでしょう。そうすることによって、たとえ受け入れた留学生が極めて少数であっても、多様な学生を受け入れることが学士課程教育全体の改善につながります。また、一般学生を基準にして教育を行ってきた、われわれ教員の教育に対する意識の変革にもつながるでしょう。（そして、実はそれが最も大きなことなのかもしれません。）

　そのような視点に立った時に、英語コースの設計はどうあるべきでしょうか。議論を単純化して、かなり乱暴にいってしまえば、一般学生と英語コースの学生を区別することなく一緒に教育できることが理想です。われわれが育成すべき人材像として、国内の一般学生の基礎学力・知識を前提とした専門教育を享受し、海外からの学生がもつ論理的・批評的な思考力やコミュニケーション能力を身につけた学士を想定するならば、そのための教育プログラムは、どの入口（入試方式）から入ったかにかかわらず、すべての学生に対して同等に提供されるべきであり、その教育プログラムを修了することによって学士の質が保証されるからです。

　一般に、４年間の学士教育課程は、１・２年次においては教養教育と専門基礎教育[7]、３・４年次においては専門教育に比重を置いたカリキュラムで構成されています。さらに、昨今の大学教育では、社会の複雑・多様な課題を解決できる人材を育成するために、３・４年次にも高度教養教育[8]や分野融合的な教育が導入されつつあります。現在、多くの大学で英語による授業科目を増やす努力が為されているとはいえ、そのような多様な要請を満たすカリキュラムをすべて“英語による授業”だけで構成することは、たとえ国内トップクラスの大学でも至難の業です。

　一般学生も英語コースの学生も区別することなく、同等の教育プログラムを修了させるべきである、しかし、日本語と英語の両方でカリキュラムを組むことは困難であるとすれば、採り得る方策は限られているように見えます。これまでの発想を転換して、「英語による授業のみで学位が取得できるコース」が必ずしも「英語による授業のみでしか学位を取得できないコース」である必要はない、という考えに立つべきでしょう[9]。端的にいえば、入学当初は英語による授業しか履修できなかった学生が、４年間で日本語による授業を履修できるようなっても何の問題もありませんし、上で述べたような

状況を実現するためには、その方が大学・学生の双方にとって望ましいはずです。「英語による授業のみで」という呪縛を取り払って、英語コースの学生にあるレベル以上の日本語能力を身につけさせれば、学内には多くの学習機会がすでに存在しています。さらに、英語コースの設置の有無や授業で使用される言語にかかわらず、彼らが、さまざまな学部・学科で、一般学生の間に溶け込んで勉学できる状況になれば、それこそ、一般学生も英語コースの学生も区別することなく、国際化の本来の意義である"多様な学生が混じり合ったキャンパス"が実現できます（図2-2）。

　図2-2（B）のような教育課程を実現するためには、英語コースの大胆な見直しが必要です。1・2年次においては、日本語教育プログラムの強化は勿論のこと、個々の学生が入学前の学習履歴に応じて履修科目を選択できるような柔軟なカリキュラムを組まなければなりません。とくに理系では、主要な授業科目が「積み上げ型(10)」で設計されているため、入学後の早い段階で専門の基礎となる基礎学力・基礎知識を習得する機会が必要です。学生のさまざまな学習履歴に対応するために、専門基礎の科目に習熟度別クラ

図2-2　英語コースの設置形態のイメージ図

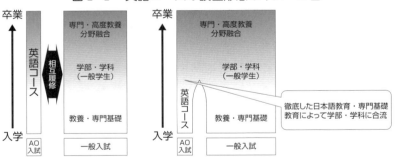

（A）並列型（学生分離型）　　（B）合流型（学生混合型）

（A）並列型：英語コースは通常の学部・学科と並列に設置され、AO入試による入学者は、4年間の英語コースを修了して学位を取得する。英語コースは英語による授業科目のみで構成され、学部・学科には日本語による授業科目と英語による授業科目が混在している。相互に科目履修が可能である。（B）合流型：AO入試による入学者は、1・2年次は英語コースに在籍するが、3・4年次には通常の学部・学科へ合流し、一般学生と同様に学部・学科を修了して学位を取得する。学部・学科には日本語による授業科目と英語による授業科目が混在し、英語による授業科目のみを履修して学位を取得することも可能となっている。

スを設定する等、相応の教育リソースを投入しなければなりません。さらには「国際教養学部（International College of Arts and Sciences）」を設置してすべての留学生を一括して受け入れ、２年間のカリキュラムをとおして基礎学力と日本語能力を徹底的に鍛えた上で、３年次から通常の学部・学科に進学させるという思い切った施策もありえるでしょう。このような施策は、英語コースの強化・拡充のみならず、今後、国内でも普及・拡大していくであろう国際バカロレア認定校からの入学者受け入れにも対応し、より多様な学生で構成されたグローバルキャンパスの実現を推進するものとなります。

まとめ

これまで、学士課程の教育プログラムは、偏差値によって輪切りにされて入学してくる学生の一定の基礎学力を前提として設計され、教員はそれを当然の事としてきました。しかし、大学が"多様性"を求めて、海外からさまざまな学習履歴をもつ学生を受け入れるようになると、これまでのような画一的でベルトコンベア式の教育プログラムは、うまく機能しません。グローバル人材の育成をめざす学士課程教育では、どの入試を経て入学してきたか、あるいは、母国語が何であるかにかかわらず、すべての学生が等しく国際社会で必要とされる力を身につけることのできる教育プログラムが求められます。

18歳人口が減少していく中で、日本の大学が学生の質を維持していくためには、国内の進学志望者を対象とする入口と、海外からの志望者を受け入れる入口とを戦略的に設計していくことが不可欠となります。そう遠くない将来に、それぞれの入口の形や大きさ（＝入試方式や入学者数）を調整し、学士課程の学生構成を最適化しなければならない時期が到来するでしょう。その時に向けて、英語コースをどのような形で維持するか、どのように強化・拡充するかは、グローバルキャンパスの将来構想に直結する重要課題です。

第３節　留学生と日本語能力試験

第１章（p.43）で概観しましたようなグローバル人材を育てるためには、多文化環境下での教育が、おそらく唯一の手段でしょう。「多様な価値観と

の出会い」が重要であり、自分とは違う異質な他者の存在を前提として、自分はどう考え、どう行動していくのかを決めていく能力や態度を育まなければなりません。さまざまな文化的背景や体験を有する学生たちが混在することによる潜在的な教育力が、日本の大学には欠けているといわざるをえません。

　わが国の大学は、職業経験も社会経験もほとんどもたない若者集団の場です[11]。入学者が、高等学校を卒業した18歳から19歳に集中し、卒業して就職する年齢もおよそ22歳に集中しています。また、一般社会に出た後、大学に戻って学び直すいわゆる「成人」学生も、一部の例外を除いて非常に少なくなっています[12]。この年齢構成は、他の先進諸国の大学と比較しても、きわめて特徴的です。

　わが国では、同じような年齢の学生が、入学試験の成績によって、それぞれの大学に入学しています。このように、学生集団は受験時の学力によって階層化（俗にいう「輪切り」）されています。さらに、高等学校を卒業して受験を経た同じような年齢の若者が大多数の集団で、彼らは三年生の時に一斉に就職活動を開始し、卒業とともに一斉に職業に就くわけです。このように、時間軸からみても同じようなスケジュールに乗って進む同質性もあります。

　アメリカ合衆国の大学では、アドミッション・オフィスが、入学希望者の学力のみならず社会的な活動等を含めた経歴も判断材料に取り入れて、学生の多様性をいかに持たせるかを配慮しています。わが国の場合には、ほとんどの学生が入学試験の成績のみによって決定されるシステムとなっていますので、どうしても上記のような状態となり、多文化状態を求めるための外国人留学生という考え方に傾くのは当然かもしれません。しかし、留学生を迎え入れること自体が目的ではなく、教育全体の質向上が目的であることを忘れてはいけません。この節では、留学生の現況を分析するとともに、日本語を母国語としない人の日本語能力を測定し認定する日本語能力試験について議論します。

　「留学生」とは、「出入国管理及び難民認定法」に定める「留学」の在留資格（いわゆる「留学ビザ」）により、日本の大学（大学院を含みます。）短

期大学、高等専門学校、専修学校専門課程（専門学校）、日本の大学に入学するための準備教育課程を設置する教育施設および日本語教育機関において教育を受ける外国人学生をさします。日本語教育機関で学ぶ留学生については、「出入国管理及び難民認定法」の改正（平成21年7月15日公布）により、平成22年7月1日付で在留資格「留学」と「就学」が一本化されたことにともなって、2011年度より留学生としての調査対象となっています。

　高等教育機関に在籍する留学生数の推移が、図2-3に示してあります[13]。2000年から2010年まで、一時停滞する時期もありましたが、留学生数は着実に増加しています。その後、東日本大震災（2011年3月11日）の影響で、留学生数の増加が止まりましたが、2014年から再び増加しています。これには、専門学校の留学生数の増加が大きく貢献しています。すなわち、2015年の留学生数が、前年と比較して、9,427人（32.4％）の増加となっており、わが国の専門職（職業）教育に対する期待が感じられます。なお、「準備教育課程」とは、中等教育の課程の修了までに12年を要しない国の学生に対し、わが国

図2-3　高等教育機関における留学生数の推移

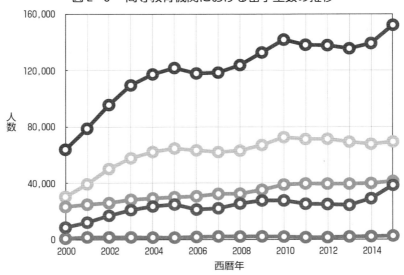

専修学校専門課程（専門学校）　　大学院（修士・博士課程）
大学（学士課程）・短期大学・高等専門学校　　準備教育課程
高等教育機関在籍者

の大学入学資格を与えるために文部科学大臣が指定した課程（1999年に制度改正を行い、新たな課程の指定を行いました。）をさします。

　在学機関・課程別の留学生分布（表2-13）は、いくつかの今後の課題を示唆していると思われます。各大学では、学士課程、修士課程、博士課程の留学生数に、それぞれ特色があります。この特色を分析した上で、今後の留学生に対する施策を実行する必要があります。また、日本語教育機関の留学生数が注目されます。とくに、2014年と比較すると、11,347人（25.2％）の増加になります。2015年5月1日現在の全国の留学生数は、20万人を突破して208,379人（前年より13.2％増）でしたが、前年からの増加分の大部分は、日本語教育機関と専修学校です。

表2-13　在学機関・課程別留学生数

在学機関・課程	留学生数			
	国　立	公　立	私　立	合　計
大学院（修士・博士課程）	25,532（61.7）	1,812（4.4）	14,052（33.9）	41,396
大学（学士課程）	11,024（16.3）	1,737（2.6）	54,711（81.1）	67,472
短期大学	0（0）	13（0.9）	1,401（99.1）	1,414
高等専門学校	460（88.6）	0（0）	59（11.4）	519
専修学校（専門課程）	0（0）	6（0.02）	38,648（99.98）	38,654
準備教育課程	0（0）	0（0）	2,607（100）	2,607
日本語教育機関	0（0）	0（0）	56,317（100）	56,317

＊2015年5月1日現在の数　　（　）内数字は、合計数に対する％

　日本語を母国語としない人を対象とした日本語能力を測定・認定する日本語能力試験は、日本を含めた世界65か国・地域（2013年）で、年2回実施されています。日本国内では公益財団法人日本国際教育支援協会が、日本国外では独立行政法人国際交流基金が現地の機関と共同で試験を実施しています。1984年（昭和59年）開始当時は、世界15か国・地域で年1回実施し、受験者は約7,000人でした。その後、受験者が年々増加し、とくに、2000年代には飛躍的な増加がみられました。2009年には、試験回数を年1回から2回に変更したことに加えて、試験改定前の年であったこともあり、過去最高の

年間のべ約77万人が受験しました。しかし、試験が改定された2010年には受験者が初めて減少し、それ以降は年間のべ60万人台で推移していましたが、2014年から再び増加に転じました（表2-14）。

表2-14 日本語能力試験結果の概要

西暦年	応募者数（人）	受験者数（人）	能力別分布（受験者数に対する%）				
			N1	N2	N3	N4	N5
2010	703,685	607,972	34.7	35.5	15.1	8.0	6.6
2011	697,398	608,157	36.4	33.2	13.8	9.7	6.9
2012	651,062	572,169	34.7	31.1	15.4	10.8	8.0
2013	650,882	571,075	33.4	29.9	16.6	11.3	8.8
2014	681,893	594,682	30.7	29.4	18.2	11.9	9.8

＊国際交流基金・日本国際教育支援協会『2014年 第2回 日本語能力試験結果の概要』に掲載された資料から作成

　日本国際教育支援協会と国際交流基金が、2010年から実施している新しい日本語能力試験[14, 15]では、日本語に関する知識とともに、実際に運用できる日本語能力を重視しています。そして、「得点等化」という方法を用いて、異なる時期に実施される試験問題の難易度の影響を受けないような工夫がされています。受験者の日本語能力は、N1（幅広い場面で使われる日本語を理解することができる。）からN5（基本的な日本語をある程度理解できる。）までの5段階のレベルで認定しています（表2-14）。さらに、各レベルの合格者が、日本語を使用して実際にどのようなことができると考えられるかを調査して、「日本語能力試験 Can-do リスト」を提供しています。このCan-do リストによって、合格者本人や周囲の人々が、試験結果より日本語能力を具体的に理解できるような情報が提供されています。

　日本語教育機関への留学生や日本語能力試験の受験者が増加していることは、諸外国の若者のわが国に対する期待の現れと歓迎すべき現象です。留学生数の推移や日本語能力試験の結果を分析して、今後の方向性を探る必要があります。公表されている資料から、筆者の個人的な分析を最後に述べたいと思います。表2-14に示す日本語能力のレベルは、N1やN2が年ととも

に減少して、Ｎ３〜Ｎ５が増加する傾向にあります。この理由の一つとして、非漢字圏地域からの受験者が増えているのではないでしょうか。すると、日本語教育の方法にも工夫が求められるでしょう。わが国では、外国人に日本語を教えるための教育プログラム・方法の研究が十分とはいえないと思います。日本が国際社会でアイデンティティを高めるためには、外国人に日本語を教授する教育プログラム・方法の開発が肝要です。別の視点になりますが、専修学校の留学生数の増加から判断して、日本の高い技術水準に根ざした専門職（職業）教育が期待されているのではないでしょうか。いずれにしても、各教育機関は、推移を絶えず分析しながら、長期的な視点に立って、対応することが重要です。

《注》

（１）　独立行政法人大学評価・学位授与機構編著『大学評価文化の定着―日本の大学は世界で通用するか？』大学評価・学位授与機構大学評価シリーズ、ぎょうせい、2014年、pp. 194-196

（２）　中央教育審議会大学分科会審議まとめ『未来を牽引する大学院教育改革 〜社会と協働した「知のプロフェッショナル」の育成〜』平成27年９月16日　http://www.mext.go.jp/component/b_menu/shingi/toushin/__icsFiles/afieldfile/2016/02/09/1366899_01.pdf（アクセス日：2017年２月15日）

（３）　実施拠点となった13国立・私立大学は、東北大学、筑波大学、東京大学、名古屋大学、京都大学、大阪大学、九州大学、慶應義塾大学、上智大学、明治大学、早稲田大学、同志社大学、立命館大学である。

（４）　2015年３月末、全国紙に『東大合格者７割、入学辞退 日本最難関「滑り止め」に【共同通信】』と題する記事が掲載され、それに呼応して「海外では東大ブランドは通用しない」とか「高辞退率は世界の一流大学と伍していることを示す勲章」等、さまざまな意見が飛び交った。

（５）　川口昭彦「東京大学における学士前期課程教育の授業評価」『大学評価』（大学評価・学位授与機構　研究紀要）　第２号、2002、pp.5-18　http://www.niad.ac.jp/n_shuppan/hyouka/hyouka2/__icsFiles/afieldfile/2006/11/21/no9_3_a00201.pdf（アクセス日：2017年２月15日）

（６）　国際的な大学入試からみれば、全国ほぼ均一な初等・中等教育カリキュラムの中で、常に成績上位を占め高い偏差値に分布した生徒が受験してくるという状況の方が異様なのかもしれない。

（７）　「専門基礎教育」という表現は必ずしも一般的ではないが、専門教育を受けるために必要な基礎学力・基礎知識を習得させるための教育をさしている。

（８）　ある程度の専門性を身につけた段階で他の学問分野・領域のディシプリンに触れ、自己の専門性を相対化したり、全体の中での位置づけを把握したりする力を養うための教育。多くの大学で他学部・他学科の科目履修制度や学部横断プログラム等が整備されている。

（９）　もっと有体にいえば、グローバル30の事業はすでに終了している。したがって、"英語による授業のみ"にこだわる必要はなく、英語コースの学生のためにより効果的で効率的な教育プログラムを編成すればよい。

（10）　学問体系に沿って学ぶべき順序が定められている科目群を「積み上げ型」とよぶ。

（11）　この節の議論は、刈谷剛彦「高等教育システムの階層性―ニッポンの大学の謎」『大学シリーズ2　大衆化する大学―学生の多様化をどうみるか』岩波書店、2013年、pp. 163-193を参考にした。

（12）　博士課程においては、OECD 平均と同水準となっている。しかしながら、学士課程および修士課程における入学者割合は、OECD 平均と比較して低く、社会人学生比率に大きな差がある。(OECD Education at Glance (2015))

（13）　平成27年度外国人留学生在籍状況調査結果（2016）http://www.jasso.go.jp/about/statistics/intl_student_e/2015/index.html（アクセス日：2017年2月15日）

（14）　独立行政法人国際交流基金、財団法人日本国際教育支援協会『新しい「日本語能力試験」ガイドブック概要版』(2009)

（15）　日本語能力試験 JLPT（2016）http://www.jlpt.jp（アクセス日：2017年2月15日）

第三部

高等教育質保証の役割

　日本の高等教育機関は、教育理念、教育内容、学習成果等をみても、「標準的なモデルはない」といいきれるほど多様化が進んでいます。国境を越えて、海外の高等教育機関との国際共同学位プログラムも積極的に展開されています。さらに、情報技術を駆使した e-learning や MOOCs（massive open online courses）等の多様な教育プロバイダーが登場し、高等教育を受けることができる範囲が大幅に拡大しています。

　知識社会においては、高等教育に対する人々のニーズも非常に多様になっています。このように、教育を提供する側も受ける側の双方が多様化した状況下で、高等教育機関の実績を理解する唯一の方法は「質保証」です。各教育機関が、これまで実施してきた教育研究等の質を保証し、その結果を社会にわかりやすく示すことが不可欠です。公平かつ信頼できる質保証情報に基づいて、ステークホルダーは、それぞれの教育機関の個性や特色を把握することが必要です。

　高等教育の目的は、自立した市民としての活動、将来のキャリアに対する準備、自己啓発、先進知識基盤の創出、技術革新や先端研究への投資等、多様です。したがって、ステークホルダーの優先する目的が異なれば、高等教育の質について異なる見解となる可能性があります。したがって、質保証にあたっては、このような見解の相違を考慮することが不可欠です。

　質保証の目的は、「説明責任（accountability）」 と「質向上（quality enhancement）」の二つです。質保証システムが機能することによって、当該教育機関の諸活動の質を保証する情報が社会に提供されると同時に、諸活動の改善・向上の取組に対して助言や勧告が与えられることになります。このように、両者が揃って、高等教育機関の実績への社会の信頼（public trust）が生まれます。

第1章

高等教育質保証の国際的潮流

「ディグリー・ミル」という言葉を耳にする機会が多いと思います。ディグリー・ミルとは、適切な教育活動や審査を伴わないで社会的に通用しない偽の学位を発行する団体をさします。もし、何らかの形で実態を伴わなかったり、極端に質の低い教育しか与えられないで社会的に通用しない学位を取得してしまったとしたら、最終的に困るのは、その学生たちです。高等教育機関や政府は、自分たちの学生がこのような被害に遭うのを手をこまねいて見ているわけにはいきません。また、自分たちの大学・学校が出した学位や卒業（修了）証書が、偽物と同等の扱いを受けないように、信用を高める必要もあります。

学生が地球規模で移動するようになると、日本から〇〇大学の卒業証書をもって行っても、外国からみて、果たしてその高等教育機関が本当に存在するのか、その学位や資格の価値がどのくらいのものなのか、ということは簡単にはわからない場合が多いと考えたほうがよいでしょう。この場合も被害者は学生自身です。

以上のように、高等教育機関の信用を高め、学修者を保護する立場から「質保証」が機能しなければなりません。

第1節　アメリカ合衆国のアクレディテーション

「アクレディテーション」とは、設定された基準（水準）に適合しているか否かを判断する作業[1]であり、「適格認定」と日本語訳されています。アメリカ合衆国のアクレディテーションは、教育機関の自発的な相互評価によって、高等教育機関として信用するに足る機関に対して「適格である」と認定する仕組みです[2]。この仕組みは、合衆国の高等教育において長い歴史があり、高等教育の質を維持する上で、一定の実効をあげています。

南北戦争後の1870年代以降、合衆国では大学の数が大幅に増えました。こ

の時に、従来からの知識に関わる教育だけではなく、農業、機械工学および軍事訓練が新たに大学教育として提供されるようになりました、その結果、それまで大学教育とは縁の薄かった中産階級や農家の子弟を中心に、大学進学者が増加しました。しかしながら、当時の大学には、広く受け入れられた入学者選抜の基準はなく、そもそも「大学とは何か」ということに関する共通の定義すらない状況でした。こうなると、高等学校の側から、生徒の進学に際して、大学側に対して一定の選抜基準を求めるようになったことは自然の成り行きでしょう。大学側にも「大学」を独自に定義しようという機運が出てきました。

　高等教育を含めた合衆国の教育は、建国以来、連邦政府の一元的な管理を受けにくい形になっています。連邦政府が過大な権限をもつことを防ぐために、連邦政府の権限を列挙権限（憲法に列挙された項目）にとどめる体制となっています。この列挙権限には、貨幣を鋳造する権利、特許を認可する権利、外国と条約を締結あるいは交戦する権利等が含まれます。しかしながら、教育に関わる権限は、この列挙権限には含まれていません。したがって、教育に関する権限と責任を負っているのは、憲法上それぞれの州となり、その制度の内容は州ごとに異なっています。

　この「一元的管理の不在」は、わが国や欧州諸国とは異なり、合衆国の高等教育の特徴の一つとなっています。日本の大学設置基準に相当するものは、各州がそれぞれ独自にもっています。したがって、大学に入学するために求められる学力、大学で教えるために求められる能力、あるいは教育機関が「大学である」と認められるための要件等に関して、国全体として統一的な基準はありません。

　このことは、連邦政府が教育に関わる営為を行わないということを意味していません。学生と教育機関への財政的支援等をつうじて、連邦政府は間接的に高等教育に大きな影響力を発揮しています。連邦教育省あるいは高等教育アクレディテーション評議会[3]は、個別のアクレディテーション団体の認可を行っています。連邦政府の認可を受けたアクレディテーション団体から適格認定されて初めて、その高等教育機関は連邦政府から研究費助成を受けることができるようになります。また、その教育機関に在学する学生には、

連邦奨学金の受給資格が生じるのです。

　国による一元的な管理の不在という状況の中で、高等教育の質に関して、全国規模で擬似的に統一された維持の機能を果たしているのがアクレディテーション制度です。この制度では、各高等教育機関について設定された最低基準を満たしているか否かを、大学人による相互チェックによって判断し、質の維持が図られています（機関アクレディテーション、表3-1）。

表3-1　アメリカ合衆国における地域アクレディテーション団体

団体名＊	担　当　州	認定機関数（概数）
NEASC（1885）	ニューイングランド6州	270
MSA（1887）	中部5州、ワシントンDC、プエルト・リコ、ヴァージン諸島	500
SACS（1895）	南部11州	800
NCA（1895）	中北部19州	1,015
NWCCU（1917）	北西部7州	155
WASC（1962）	西部2州、グアム、アメリカ領サモア、ミクロネシア、マーシャル諸島、パラウ	330

＊ NEASC: New England Association of Schools and Colleges; MSA: Middle State Association of Colleges and Schools; SACS: Southern Association of Schools and Colleges; NCA: North Central Association of Colleges and Schools; NWCCS: Northwest Commission on Colleges and Universities; WASC: Western Association of Schools and Colleges　（　）内数字は設立年。

　最初のアクレディテーション団体は、1885年にニューイングランド地域に創設された NEASC です。現在では、合衆国全土を六つの地域に分けて、各々の地域アクレディテーション団体によって、その地域内にある高等教育機関が相互に質を維持する仕組みが構築されています。

　歴史的にみると、合衆国の高等教育のアクレディテーション制度については、機関アクレディテーションよりも専門アクレディテーションが古くから実施されていました。具体的には、アメリカ医学協会（American Medical Association）の教育部会が、1847年に医学に関する教育の外部評価を行いました。これが、自発的に組織された団体によるアクレディテーションの始

まりです。当時の合衆国では、学問的な裏づけの希薄な医学の学位が流通しており、十分な教育を受けなくても「医者」を名乗ることができるような状態でした。このような事態に対応するために、医学教育に関する専門アクレディテーションが開始されました。

　機関アクレディテーションが個々の機関全体の教育の質を問題にしているのに対して、専門アクレディテーションは、原則的に機関の中の個別の学部や学科、場合によっては、授業そのものを対象としています。専門アクレディテーション団体は、専門分野ごとに存在しており、連邦教育省あるいは高等教育アクレディテーション評議会に認可されている団体は、現在では、約60にのぼります。専門アクレディテーション団体が複数存在する分野もあります。たとえば、ビジネス部門や教員養成部門では、二つの団体が存在します。このように、複数ある団体は、異なる手法や力点の置き方によって適格認定を行っています。同じ分野に複数の団体がある場合には、どの団体から適格認定を受けるかの選択（どの団体からも適格認定を受けない選択も含めて）は、高等教育機関の判断に任されています。機関アクレディテーションや専門アクレディテーションを受審すること自体が法的に定められているわけではありません。とくに、機関アクレディテーションによって機関全体の質が保証されている場合には、専門アクレディテーションを全く受審しなくても、大学として社会的には認められます。

　「高等教育機関が設定された最低基準を満たしている」ことを保証する機能は、第一義的には機関アクレディテーションによって果たされます。専門アクレディテーションは、機関アクレディテーションを受けた教育機関が最低基準を満たしていることを前提として、当該分野での卓越性を示すために受審するものと一般的に考えられます。専門アクレディテーションには、卓越性の保証とは別に、分野によっては、職業資格との関連も考慮しなければなりません。たとえば、法学分野では、法学の専門アクレディテーション団体である American Bar Association （ABA） が適格認定した課程の修了が、州によって、司法試験の受験資格となったり、試験の一部あるいは全部を免除される要件となったりします。このような職業資格と専門アクレディテーションとの関連づけは、それぞれの職業資格によって、あるいは州によって

異なります。

　アクレディテーション制度は、適格認定を求めてアクレディテーション団体の門を自発的に敲いた教育機関の認定の適否を判断する制度です。アクレディテーション団体による適格認定を得ることを視野には入れずに活動しているディグリー・ミル等を取り締まる構造にはなっていません。また、質の低い教育しか提供していない機関が適格認定を受けられなかったとしても、その機関を積極的に取り締まること（たとえば、州政府が与えた設置認可を取り消して廃校に追い込む等）ができる体制にもなっていません。おそらく、質の低さが原因で「学生が集まらなくなる」という市場原理に頼るしか道はありません。

　学習成果が問われる時代の中で、アクレディテーション制度は、高等教育機関へのインプットやプロセス（財政や施設の状況、教職員の配置、カリキュラム等）に重点を置いて、アウトプットやアウトカムズ、すなわち卒業生の学力・能力を等閑視しているのではないかという批判があります。連邦政府のスペリングス教育長官の諮問委員会「高等教育将来検討委員会」（Spellings Commission, 2005.9〜2006.9）の最終報告書（A Test of Leadership: Charting the Future of U.S. Higher Education）は、この問題を取りあげています[4]。この報告書は、①これまでの質保証の中核をなしてきたアクレディテーションへの批判、②学習達成度測定の必要性、③達成度測定のツールとして標準テストへの言及等から成り立っています（表3-2）。

　この議論の途中では、「連邦政府が責任をもって全国規模のアクレディテーション団体を新たに作る」ということも論じられたそうです。しかし、最終的にはこの案は削られ、現行のアクレディテーション団体が、「アウトプット・アウトカムズ指向の評価を行うべし」ということになりました（表3-2）。アクレディテーション団体の反応は、アウトプット・アウトカムズ重視を否定するものではなく、「州の自律性を重視して連邦政府による過剰な干渉を嫌う」という合衆国の文化的背景によるものと考えられます。この考え方を補足する例として、高等教育アクレディテーション評議会（CHEA）は、すでに学生の学習成果には配慮していると声明を発表していること、学習成果の評価に関する表彰を行っていること等を示しています[5]。

表3-2　アメリカ合衆国スペリングス連邦教育長官の諮問委員会の報告書概要

アクレディテーションへの批判

　大学やアクレディテーションにおいて、学生の学習成果に対して目を向けられるようになっているが、学生やその保護者は、学生が大学でどの程度学んだのか、あるいはある大学の学生が他大学の学生よりも多く学んでいるのかどうかについて、大学間で比較が可能な信頼できる根拠をもっていない。

　アクレディテーションは大きな欠点を抱えている。アクレディテーションの結果は通常非公開であり、公開されるものでもプロセス評価に焦点があり、学習やコストの最終結果を示すものではない。

学習達成度測定の必要性

　学生の能力がどの程度向上したかを示す付加価値指標を含む学習のアセスメント結果が、学生に対して利用可能となるべきであり、その集合データが公表されるべきである。高等教育機関は、テストスコア、資格取得、学位修得年月、学位修得率、その他の関連指標等、学習に関する指標の集約データを消費者にわかりやすい形式で公開する必要がある。

　アクレディテーション団体は、コストや学習成果等のパフォーマンスの結果を、インプットやプロセスより優先し、アセスメントの中核に据えるべきである。

標準テストへの言及

　高等教育機関は質のアセスメント・データを用いて学生の学習を測定する必要がある。

Spellings Commission 最終報告書 "A Test of Leadership: Charting the Future of U.S. Higher Education" より抜粋。

　合衆国の高等教育におけるアクレディテーション制度について概説しました。原則として州が究極的な権限をもっている高等教育制度の下で、当座の問題を解決するために考案されたアクレディテーションの仕組みは、今日まで高等教育の質の維持に一定の実効をあげてきました。前述のスペリングス教育長官の諮問委員会「高等教育将来検討委員会」の報告書は、従来のアクレディテーション制度を尊重する形で一応決着しています。しかしながら、今や、「アクレディテーション本来の機能を超えた機能を、いかに果たすべきか」という論点に焦点が移ってきており、今後の議論を注視する必要があります。

第2節　知識サービス産業としての高等教育

　高等教育機関では、学生や教員が国境を越えて移動し、国際的な活動をすることは、昔から決して珍しいことではありませんでした。日本の近代大学

創設時には、多くの外国人教師が雇われ、その後、留学経験をもつ日本人が大学教員になりました。アジア・アフリカの国々の多くでは、旧宗主国等の強い影響を受けながら、高等教育が発展してきました。シンガポール、マレーシア等の多くの学生は、コロンボ・プランとよばれるイギリス連邦の国際協力プログラムの下でオーストラリアやイギリスの大学で学んでいました。日本もまた、主に人づくり、技術移転等の枠組みの下で、アジア・アフリカ諸国を中心に、高等教育レベルの国際協力・学術交流を推進してきました。

　1980年代になると社会の情報化が大きく進み、知識や情報の産業的価値が強く意識されるようになりました。それ以前までは、公共性と関連して語られることが多かった高等教育・訓練が、貿易産品となりうる知識サービス産業として捉えられるようになりました[6]。自由貿易の促進を主たる目的とした世界貿易機関（World Trade Organization, WTO）は、サービス産業を12分野に分類して、教育サービスを1分野として掲げています（表3-3）。

　自国民の教育費の公的負担に悩んでいたイギリスやオーストラリア等が、相次いで外国人学生に対して高等教育のフルコスト負担を求めるようになりました。アメリカ合衆国の大学も、学生市場の拡大を求めて海外進出を進め、

表3-3　世界貿易機関（WTO）のサービス分類

```
 1. 実務サービス
 2. 通信サービス
 3. 建設サービス及び関連のエンジニアリングサービス
 4. 流通サービス
 5. 教育サービス
   A. 初等教育サービス
   B. 中等教育サービス
   C. 高等教育サービス
   D. 成人教育サービス
   E. その他の教育サービス
 6. 環境サービス
 7. 金融サービス
 8. 健康に関連するサービス及び社会事業サービス
 9. 観光サービス及び旅行に関連するサービス
10. 娯楽、文化及びスポーツのサービス
11. 運送サービス
12. その他
```

http://www.mofa.go.jp/mofaj/gaiko/wto/service/gats_4.html

日本にも多数の合衆国大学日本校が設置されました。日本の私立大学の中には、外国の財団等からの募金を受け取って発展してきた大学もあり、わが国の法制度の下で、外国資本を受け入れた大学を創ることは可能です。しかし、2004年以前には、合衆国大学日本校のように、外国で大学と認められているけれども日本の大学として申請しないものに関しては、日本の法制度の下では、政府が大学と認めることはありませんでした。また、これらの外国大学日本校は、通常の私立大学の運営主体である非営利の学校法人ではなく、当時は認められていなかった株式会社等の営利企業として、大学を運営しているものが大半でした。反対に、日本の大学が国外で教育を行った場合、日本が国として、その教育プログラムを「日本の大学」のものと認め、質を保証するという仕組みも整っていませんでした。

　20世紀末になると、人口が少なく、東南アジアを中心に留学生を受け入れてきたオーストラリアが、高等教育を輸出産品と積極的に位置づけるようになりました。この観点から、自国での留学生を含めた高等教育や自国の大学が海外で展開する教育プログラムに対して、国と大学の双方で積極的に質を保証する取組を進めたのです。

　良質な高等教育の機会が十分には確保できていない発展途上国においては、外国資本の大学や教育プログラムを受け入れることで、自国の高等教育システムでは満たせない需要に対応できるというメリットがあります。しかし、有力な外国大学の存在は、自国の高等教育の発展にとって脅威にもなりかねません。また、質の悪い教育サービスや、国際社会では認められないような学位を出す悪質な教育プロバイダーが横行すれば、その国とくに学生にとっては大きな損失となります。国によっては、外国大学の自国での設立を認めなかったり、政府による招致を義務づけたり、自国の大学や資本との連携を条件とする等、むしろ何らかの制限をかけることの方が一般的です。

　このような状況下で、アメリカ合衆国等、高等教育サービスを輸出する側に立つ国の中から、WTO に対して一層の市場開放を訴える動きが現れてきました。高等教育を貿易産品の側面から議論を進めることは、自由貿易の推進を掲げて活動する WTO としては当然のことでしょう。しかしながら、大学や教育を問題は、教育自体を中心に据えた議論の場で扱うべきであると

いう考え方が、各国の大学、政府の双方で広がってきました。

第3節　国・地域の伝統・文化を基盤とした質保証

　世界の貿易体制は、自由貿易協定（Free Trade Agreement, FTA）から経済連携協定（Economic Partnership Agreement, EPA）の時代へ移行しています。1990年代は FTA によって、特定の国や地域の間で、物品の関税やサービス貿易の障壁等を削減・撤廃することが推進されました。物やサービスの流通を自由に行えるようにする流れの中で、上述のように、高等教育サービスの輸出国が市場開放を主張するのは当然です。

　2000年代になると、FTA の枠組みに加えて、知的財産権の保護、投資、競争政策等、さまざまな協力や幅広い分野での連携によって、両国または地域間での親密な関係強化をめざすことを目的とした EPA が推進されています。すなわち、各国・地域の伝統・文化を基盤とした連携の重要性が強調されるようになったのです。EPA が、物流のみではなく、国境を越えた人の移動や知的財産権の保護等を視野に入れているわけですから、高等教育の質保証との関係が生まれることは容易に想像できます。

　主要先進国が加盟し、経済問題を主な対象分野としながら教育に関しても取り組んできた経済協力開発機構（OECD）が、国境を越える教育サービスのあり方についての専門家会合を開き、議論を重ねてきました。一方、先進国と開発途上国の双方が加盟する国際連合教育科学文化機関（UNESCO）は、「21世紀のための高等教育の世界宣言：展望と行動[7]」のフォローアップの機会等をつうじて、世界各国が協力して高等教育の質保証に努めるべきであると主張してきました。

　UNESCO・OECD 両者[8]は、共同で「国境を越えて提供される高等教育の質保証に関するガイドライン」を提出しました。このガイドラインは、グローバル化の進展に伴って、外国大学分校の設置や e-learning 等、国境を越えた高等教育の提供に対応するために、高等教育の質保証に関する国際的な枠組みを提言しています。この枠組みを作ることによって、質の高い高等教育が国境を越えて展開し、高等教育の国際化の恩恵を最大限に高めると同

時に、質の低い教育や不当な教育プロバイダーからの防御策を講じようとしています。

　このガイドラインの趣旨は、国際的な高等教育の質保証のための統一的基準や共通にルールを定めるのではなく、各国がそれぞれの高等教育制度に照らして、自国の責任において高等教育の質を確保することを前提としています。UNESCO と OECD の取組の詳細は、前書[9]をご覧ください。このガイドラインは、各国政府やその他の高等教育の関係者（高等教育機関・提供者、学生団体、質保証・適格認定機関、学位・学修認証機関、職業団体）に対して、コラム 3 - 1 に示す考え方に基づいた行動をとることを促しています。

コラム 3 - 1

UNESCO・OECD ガイドラインの考え方は、
1 ）各国間の**信頼**、高等教育における**国際協力**が重要である。
2 ）高等教育政策に関する**各国政府の責任**および**各国制度の多様性の尊重**が必要である。
3 ）高等教育制度は、各国の**文化的背景**、**経済的発展**や国としての**一体感の育成**に関する方針に密接に関連するものであることの認識が必要である。

　さらに、このガイドラインは、学生が外国の高等教育機関（自国内および外国にあるものを含みます。）についての正確な情報へのアクセスを容易にすることを意図しており、とくに、政府や他の関係者には、学位の透明性を高め、国際的な学位認証のための手続きのさらなる明確化を図るよう呼びかけています。具体的には、表 3 - 4 に示す行動を促しています。

　UNESCO・OECD ガイドラインが提示した理念は、世界的に共通認識となり、この理念を基盤として、高等教育の質保証が展開されています（表3 - 5）。最近の『欧州高等教育圏における質保証の基準とガイドライン（ESG）』について簡単に言及しましょう。ESG は、欧州高等教育担当閣僚会合によって2005年に採択されました。これ以降、質保証とともに、資格枠組み、資格・学位の認定、学習成果の活用と推進等、ボローニャ・プロセス全体の大きな進展を背景とした改正案が、2015年（平成27年）5 月に閣僚会

表3-4　UNESCO・OECDガイドラインが提言した具体的な行動

① 政府は国境を越えた高等教育のための包括的な質保証制度を整備すること。その際、国境を越えた高等教育の質保証は高等教育の提供国および享受国双方の責務であることを認識する。
② 高等教育機関は、外国で提供する高等教育が国内で提供するものと同等の質であり、かつ受入国側の文化的な背景を考慮したものであることを保証する。
③ 学生団体は、国境を越えた高等教育の質の保証に積極的に参加する。

表3-5　国際的な高等教育質保証に関する主な取組

『質保証の適正実施に関する指針』高等教育質保証機関国際ネットワーク[9]（INQAAHE、2007）
『アジア太平洋地域のための高等教育の質保証の原則』（別名「千葉原則」）アジア太平洋質保証ネットワーク（APQN、2008） UNESCO地域条約[10] 　　「アジア・太平洋における高等教育の学業・卒業証書及び学位の認定に関する地域条約」（1983年採択、1985年発効） 　　「アジア太平洋地域における高等教育の資格の認定に関する地域条約」（2011年採択）
『欧州高等教育圏における質保証の基準とガイドライン』欧州高等教育質保証協会[11,12]（ENQA、2009、2015改正）

合で承認されました。

ESGの目的として、次の4項目を掲げています。

① 欧州地域、各国および高等教育機関レベルで、学習と教授の質保証システムに、共通の枠組みを定める。

② 欧州高等教育圏（European Higher Education Area, EHEA）内の高等教育の質の保証と改善を可能にする。

③ 国内外での相互信頼を支援し、資格やプログラムの認定とモビリティを促進する。

④ EHEAの質保証に関する情報を提供する。

このような目的のもと、高等教育機関、関連団体および国はESGをさまざまな形で活用することが可能になっています。EHEAは、政治体制、高等教育制度、社会文化的および教育的伝統、言語、願望および期待の多様性を特徴としています。そのため、高等教育の質や質保証に単一で画一的なアプローチは適切でありません。すべての基準を広く受け入れることは、欧州

の質保証に共通理解を生み出す前提条件です。したがって、ESG は、あらゆる形態の教育に確実に適用できるように、適度な総論レベル（generic level）になっています。

《注》
（1）　独立行政法人大学評価・学位授与機構編著『大学評価文化の定着―日本の大学教育は国際競争に勝てるか？』大学評価・学位授与機構大学評価シリーズ、ぎょうせい、2010年、pp.123-129

（2）　独立行政法人大学評価・学位授与機構編著『大学評価文化の展開―高等教育の評価と質保証』大学評価・学位授与機構大学評価シリーズ、ぎょうせい、2007年、pp. 97-111

（3）　アクレディテーション団体は、高等教育アクレディテーション評議会（Council for Higher Education Accreditation: CHEA）を結成して、この CHEA がメンバーシップを認める形で各アクレディテーション団体を認可している。

（4）　川口昭彦（独立行政法人大学評価・学位授与機構編集）『大学評価文化の定着―大学が知の創造・継承基地となるために』大学評価・学位授与機構大学評価シリーズ、ぎょうせい、2009年、pp. 138-139

（5）　The CHEA Award and Learning Outcomes (2016) http://www.chea.org/chea%20award/CHEA_Awards_All.html　（アクセス日：2017年 2 月15日）

（6）　川口昭彦著、独立行政法人大学評価・学位授与機構編集『大学評価文化の定着―大学が知の創造・継承基地となるために』大学評価・学位授与機構大学評価シリーズ、ぎょうせい、2009年、pp. 16-17

（7）　World Declaration on Higher Education for the Twenty First Century: Vision and Action (1998) http://www.unesco.org/education/educprog/wche/declaration_eng.htm　（アクセス日：2017年 2 月15日）

（8）　Guidelines for Quality Provision in Cross-Border Higher Education (2005) http://www.oecd.org/edu/skills-beyond-school/35779480.pdf　（アクセス日：2017年 2 月15日）日本語訳は、川口昭彦著、独立行政法人大学評価・学位授与機構編集『大学評価文化の定着―大学が知の創造・継承基地となるために』大学評価・学位授与機構大学評価シリーズ、ぎょうせい、2009年、pp. 172-178

（9）　独立行政法人大学評価・学位授与機構編著『大学評価文化の展開―高等教育の評価と質保証』大学評価・学位授与機構大学評価シリーズ、ぎょうせい、2007年、p. 161

（10）　独立行政法人大学評価・学位授与機構編著『大学評価文化の定着―日本の大学は世界で通用するか？』大学評価・学位授与機構大学評価シリーズ、ぎょうせい、2014年、pp. 164-166

（11）　独立行政法人大学評価・学位授与機構編著『大学評価文化の定着―日本の大学は世界で通用するか？』大学評価・学位授与機構大学評価シリーズ、ぎょうせい、2014年、pp. 206-208
（12）　Standards and Guidelines for Quality Assurance in the European Higher Education Area（ESG）（2015）http://www.enqa.eu/index.php/home/esg/　（アクセス日：2017年 2 月15日）

第2章

説明責任

　説明責任（accountability）は、高等教育機関が社会に開かれていること
を担保するために不可欠なことです。Accountability という言葉には、責任、
責務あるいは義務という意味が含まれていますから、高等教育機関は、自ら
が行っている教育研究の内容を発信するだけでは不十分です。管理運営を含
めて、自分たちのもっている（あるいは果たしている）責任を社会に向かっ
て説明する必要があります。説明すべき中心的内容は、自分たちが実施して
いる教育研究の質の現状と改善への取組であるべきであると、大学評価シ
リーズでは何度も指摘してきました。

　最近、いくつかのランキングが、定期的に公表され注目を集めています。
ランキングは、高等教育機関の多様な諸活動を評価する手法の一つであり、
諸活動のある側面をとらえて主観的に順序づける行為です。これは、機関に
ついての比較可能な情報によって、理解を高めるものではありますが、機関
全体がどのような状況であるかを理解する手段にはなりません。また、ラン
キングは、基本的には市場に基盤をおく見方を示したものです。したがって、
ランキングは、質保証情報を補完する位置づけとして考えるべきです。

　高等教育に関する情報に対するニーズが高まっており、各機関の組織情報
は、質保証等に利用されています。第1節では、質保証の観点から、組織に
関する情報の提供・分析方法について議論します。大学評価シリーズでは、
今まで、教育研究を中心に説明責任について記述してきました。高等教育機
関の管理運営も重要な要素であり、第2節では、管理運営の質保証について
考えてみます。管理運営には事務職員の関与が不可欠です。第一部第2章第
3節（p.20）で言及しましたように、教員と職員の協働体制が管理運営には
非常に重要となります。さらに、第3節では、学習成果を示す学位名および
職業資格の資格枠組について、国際通用性の観点から、わが国の課題につい
て議論します。

第1節　大学組織情報の提供と分析

　大学の教育情報に対するニーズが、最近、高まっており、e-learning や学修履歴の情報、学修成果や入試関連の情報の分析は、非常に重要となっています。一方、大学等の組織に関する情報は、高等教育の大局的な俯瞰や機関の質保証等に利用されています。大学の情報を含めさまざまな種類の社会データのオープン化や組織内データの集積が急速に進み、それら複雑かつ膨大なデータを分析する専門家が必要となっています。しかしながら、このような専門職人材に求められる知識やその育成方法については、今後の検討課題となっています。

　この節では、教育に関する学生の個人情報ではなく、高等教育機関における教育研究の質保証の観点から、組織に関する情報の質およびその分析方法について、さまざまな提供・分析方法（Web API によるオープンデータの活用等）を議論します。

データ分析

　各分野の実務において、電子データを活用する専門職人材とその育成について議論が行われています。人材に求められるスキルとしては、表3-6に示した内容でしょう。また、これらは、(a) データエンジニアリング力、(b) データサイエンス力、(c)（個別分野における）ビジネス力、という形で分類されることもあります。

表3-6　実務分野において電子データを活用する専門職人材に求められるスキル

分　野	求められるスキル
IT系	サーバ、データベース、プログラミング等
分析系	アプリケーションプログラミング、統計解析、AI、可視化技術等
業務・ビジネス系	業務分野でのスキル、業界・業務知識、理解力、説明力、プロジェクト推進力等

　データ分析スキルとしては、多変量解析の知識等、高度な数理知識の必要

性が強調されることもありますが、実務に際しては、基本的な統計分析手法で十分な場合が多くみられます。むしろ実務においては、分析結果の理解と説明のために、指標定義や分析結果の解釈、可視化手法に関する知識の方が重要となります。表計算ソフトには、便利なユーザインタフェースを備えたグラフ、ピボットテーブル、フィルタリング等の機能があり、これまでの大学教育においても、情報リテラシー教育として基礎的な教育が実施されています。

　データ分析過程において、最も時間と労力が費やされスキルが必要となるのは、狭義のデータ分析の前段階にあたるデータ理解やデータ準備の部分と考えられます。すなわち、データ理解では、データの意味、データの量と質の理解と確認を行い、利用できるデータ集合の全体像を十分に理解する必要があります。つぎのデータ準備では、データ分析時においてデータを実際に使える形に整形するための欠損値・外れ値の整理と除外、データ規格化等、具体的なデータ加工作業を行うことになります。

　大学情報を対象としたデータ分析では、電子データを活用する専門人材に求められる専門スキルのすべてを深く習得するのではなく、実務・ビジネス系（ここでは高等教育分野での）スキルを重視しつつ、それと連携するために必要となる IT 系スキルや分析系スキルをいかに習得するかが重要となります。

データソース

　データ分析の専門人材が重視すべきことは、データベースやサーバの開発・運用スキル、高度なデータ分析スキルよりも、個別業務の分析に利用可能なデータの入手方法とデータ定義の解釈、データの特性についての理解と考えられます。そのために、利用可能な各種のデータソース（データベース）の整理と選択およびデータ定義と標準化の理解、過去を含め実際の利用法の知識が必要となります。

　国や自治体、企業、非営利機関等の組織構成や組織活動の情報等、組織に関わるデータは、説明責任の観点から積極的に情報公開が求められ、それらの電子的に再利用可能な形式での公開が進展してきました。これらは、オープンデータという形で集積・公表されることも多くあります。オープンデー

タの形式については、機械判読可能性の観点から五つ星スキームが提唱されています（PDF、Excel、CSV、RDF、LOD 等によるデータ提供）。データの再利用性の高い形式により、Web 空間内の他のさまざまなデータと組み合わせ、より価値の高い新たなサービスが生成することが期待されています。このようなデータ利活用方法の普及のために、さまざまな優良例の紹介等が行われています。データの提供方法としては、これまでの PDF、Excel 等ファイルによる提供とともに、後述する Web API による提供が進展しつつあります。

　一般的に、国内の基礎となるデータソースは、総務省統計局の政府統計の総合窓口（e-Stat, http://www.e-stat.go.jp）といえます。これは日本の統計が閲覧できる政府統計のポータルサイトであり、たとえば、消費者物価指数、学校基本調査、都道府県・市区町村のすがた等の統計データを、CSV、Excel 等の形式でダウンロードすることができます。また、簡便なデータ活用方法の説明やグラフ表示ツール機能もサイトに備わっています。

　高等教育に関わるデータベースは、大学教育のさまざまなレポートや情報分析等、質保証活動にとって重要です。大学の組織情報は、たとえば、各職種の教職員の人数等がありますが、それらは、必ずしも標準化されているわけではありません。大学または国レベルの教育関連機関においてさえ利用しやすい形で集積されているわけではなく分析が困難なこともあります。しかしながら、これまでいくつかの先進的な大学情報データベースが開発されています。アメリカ合衆国では、ウェブベースの大学情報システムとして、The Integrated Postsecondary Education Data System（IPEDS, http://nces.ed.gov/ipeds/）、The College Portrait（http://www.collegeportraits.org）が利用できます。その他に、UNISTATS（http://unistats.direct.gov.uk）、Higher Education in Korea（http://heik.academyinfo.go.kr/main.tw）等が開発されています。これらのデータベースシステムは、データが組織化され、ユーザインタフェースも利用しやすいものとなっています。ただし、今後のデータベース関連機能の進展を見据えて、他のシステム（外部システムのみならず、個々の高等教育機関の内部データベース）との連携をさらに進めるための機能を有することが望まれます。

　わが国の高等教育機関に関する基礎情報としては、文部科学省による学校基本調査（http://www.mext.go.jp/b_menu/toukei/）があります。これは、年度ごとに収集されるデータであり、学生教職員等状況、学部学生内訳、大学院学生内訳、卒業後の状況調査、学校施設調査、学校経費調査等です。しかしながら、公表されているのは統計値であり、各大学の詳細な値は公表されていません。

　これに対して、大学改革支援・学位授与機構による情報発信の取組として、国公立大学の基礎的な大学情報（2012～2016）が、ウェブサイトにExcel ファイル形式で公開されています[(1)]。日本の高等教育機関に関する基本的な情報が、大学・学部（一部は学科）単位で公表されており、大学基本情報の積極的な活用が期待されます。

大学ポートレート

　大学ポートレートによる大学情報の公開が、2015年（平成27年）3月より開始されました[(2)]。大学ポートレートは、大学情報の公表を求める社会的要請等を背景に大学改革支援・学位授与機構に置かれる大学ポートレートセンターが、日本私立学校振興・共済事業団と連携・協力しながら、運営するものです。大学ポートレートは、データベースを用いた大学の教育情報の公表・活用のための共通的な仕組みとして、コラム3-2に示す内容を目的としています。公表されている大学情報は、表3-7に示します。

コラム3-2

　大学ポートレートの目的
- 大学の多様な教育活動の状況を、国内外のさまざまな者にわかりやすく発信することにより、**アカウンタビリティの強化**、進学希望者の適切な**進路選択支援**、わが国の高等教育機関の**国際的信頼性**の向上を図る。
- 大学が自らの活動状況を把握・分析するために教育情報を活用することにより、エビデンスに基づく学内の PDCA サイクルの強化による**大学教育の質的転換**の加速、外部評価による**質保証システムの強化**を図る。
- 基礎的な情報について共通的な公表の仕組みを構築し各種調査等への対応に係る大学の負担軽減することにより**大学運営の効率性の向上**を図る。

表3-7　大学ポートレートで公表されている大学情報

【大学単位で公表する情報】
大学の基本情報、大学の教育研究上の目的等、大学の特色等、教育研究上の基本組織、キャンパス、学生支援（修学、留学生、就職・進路等）、課外活動
【学部・研究科等の単位で公表する情報】
教育研究上の目的や三つのポリシー（アドミッション、カリキュラム、ディプロマ）、学部等の特色、教育課程（取得可能な学位、授業科目、授業方法、学生が習得すべき能力等）、入試（入学者数、入試方法）、教員（教員組織、教員数、教員の有する学位・業績）、学生（収容定員、学生数）、費用及び経済支援（授業料等、奨学金額、受給資格、授業料減免）、進路（進路卒業者数・修了者数、進学者数・就職者数）

　現在稼働中のポートレートシステムに備わっている機能としては、ウェブサイトにおける公表データの掲載に加えて、BIツール（business intelligence tool）でのデータ活用があります。この機能は、国立大学法人評価におけるデータ分析集等の提供において、すでに利用されています（大学改革支援・学位授与機構が分析した結果を大学に提供）。

Web API

　Web API（web application programming interface）では、インターネットを介して情報処理を行う機能であり、（認証された登録ユーザが）インターネットをつうじて外部からデータベースシステムにアクセスすることにより、必要なデータを取得することができます。利点としては、データを必要な時に必要な部分のみを最新の状態で取り出すことができることです。また、複数の他の Web API と組み合わせることによって、さらに有用で価値の高い情報を生成することが可能となります。さらに、データベースの独立性と接続性の柔軟さにより、システムの開発とその改修の容易さが高まることが期待されます。

　大学改革支援・学位授与機構研究開発部では、さまざまな Web API およびそれを活用したデータ公表と分析システムの検討を行っています。前述のように、国公立大学の大学基本情報は、エクセルファイル形式で機構ウェブサイトにおいて公開されています[1]。このデータの Web API として出力したものが図3-1です。図の左側は、ある大学の学生数、大学院学生数、教員数等、大学単位の基本情報の出力の一例で、右側は、ある学部の学科および学年ごとの学生数を表す一例です。出力の形式は、他の XML や JSON

図3-1　大学基本情報のWebAPIのイメージ

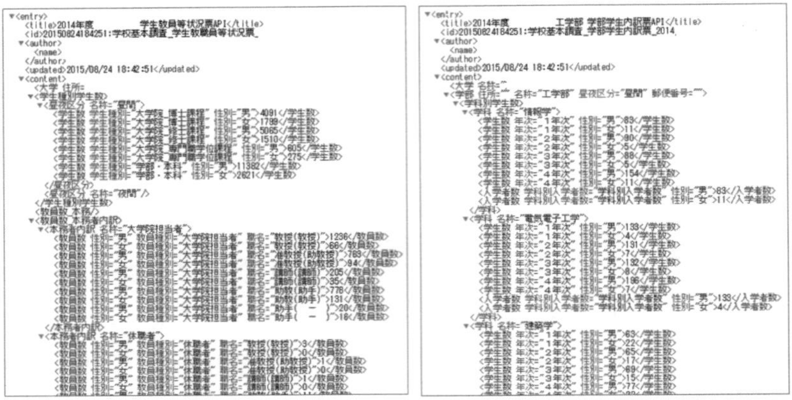

▼<entry>
  <title>2014年度　　　　学生教員等状況票</title>
  <id>201508241842Sl:学校基本調査_学生教職員等状況票_</id>
  ▼<author>
    <name></name>
  </author>
  <updated>2015/08/24 18:42:51</updated>
▼<content>

の形式も考えられます。

　前述の政府統計の総合窓口は基本的なデータソースであり、学校基本調査の結果も含まれます（詳細データは機構ヴェブサイトに大学基本情報として掲載）。これにはデータを機械判読可能な形式で提供する Web API 機能も備わっています。高等教育に関わる他の Web API 機能およびデータを融合させることによって高度な分析が可能となり、オープンデータの利活用の推進が期待されます。国内には、次のような高等教育に関わる Web API も存在します。JST 総合学術電子ジャーナル J-STAGE、JST 科学技術総合リンク J-GLOBAL、研究者情報 researchmap、国立情報学研究所（NII）論文情報 CiNii、国立国会図書館 NDL サーチ等。

　さらには、オープンなデータと個々の高等教育機関の内部データベースの非公開データを融合することが考えられます。これにより、さまざまな分析指標を計算し、表やグラフを生成・可視化し、優れたユーザインタフェースを有するデータ可視化システムを構築できる可能性があります。その際には、セキュリティ関連の機能が重要となります。

　今後のオープンデータと Web API の普及を考えると、その利用方法に関連したさまざまなレベルでのスキルの修得も必要になってくると考えられます。

オープンデータの利用方法

　最後に、オープンデータを利用したデータ分析方法として、三つの形体を

考えてみましょう。

　① **ダウンロードファイルによる分析** ──　従来から行われてきた方法で、手軽で有効な方法です。データ提供サイトからファイル（CSV、Excel 等）をダウンロードしてデータを表計算ソフトに取り込みユーザの手元で分析する方法です。これは Web API データを対象にすることもできます。Web API のデータは、その要素とデータシートの列の対応関係を指定してデータを取り込みます。リモートのデータベースのデータに変更があった場合には、ローカルなファイルのデータも最新のデータに更新されます。簡便な分析の場合には、このような形でのデータ分析が有用です。ただし、形式が異なる多種大量のデータファイルを分析する場合には、前述のデータ理解とデータ準備の観点から、さらにローカルに大量にファイルを保存することによるデータの管理とデータの質の観点からみて必ずしも十分とはいえません。

　② **ウェブアプリケーションでの利用** ──　サーバでのプログラミング開発をともなう自由度が高く高度な活用方法です。ウェブアプリケーションとして、さまざまなデータ分析・可視化機能を備えることが可能です。高等教育におけるデータ分析の例としては、IPEDS の Web での分析機能が以前から利用されていましたが、近年では、U-Map（http://www.u-map.eu）や U-Multirank（http://www.umultirank.org）等、高等教育の多次元マッピング・ランキングツールが欧州で開発されています。今後、複雑なデータ分析・可視化アプリケーションの開発を行う場合には、Web API を利用することによって、開発がより柔軟で容易になると考えられます。分析プロセスとしては、API のサイトに必要となるデータを要求し、受け取ったデータ（XML、JSON）をサーバサイドやクライアントサイドのプログラミングによって、各種複数の指標値を計算し可視化（グラフ化）を行います。その際、BI 的な操作（ソート、各種フィルタ、ドリルダウン等）や再検索操作により、多種の指標集合を俯瞰し対象組織の特色を理解することが可能となります。さらに、API データの機械可読性のため処理の自由度は高く、他のデータベースとの連携も現実的です。他の API（たとえば、政府の提供する教育以外の統計データの Web API や地図情報の Web API）と融合することにより柔軟で有用な指標の設定や分析結果の可視化が可能となります。

③ **Web API と表計算ソフトの連携によるデータ分析** ── 分析者がIT系のスキルを十分に有しない場合には、Web APIによるデータ取得を手軽に行い、できるだけデータ理解やデータ準備のプロセスに作業重点がおけるような分析形体も必要となります。複数のWeb APIからのデータに対して、わかりやすい検索機能、データ結合機能、表計算ソフトへの展開が容易なテーブル生成機能を備えたWebサービスを別に構築することが考えられます。これにより、分析者にとって負担のかかるデータ取得等のプログラミング部分の負担の軽減を図ることができます。すなわち、Web API の利点を生かし分析に必要な部分のデータを取得し、詳細な分析や可視化作業を分析者が慣れたローカルの表計算ソフトで行うことになります。これは、IT系のスキルを十分に有しない場合の負担軽減を考えた方法であり、今後の分析方法の一つになるものと考えられます。

第2節　管理運営の質保証

　教育研究の説明責任については、大学評価シリーズで何度か言及してきました。しかしながら、組織としての教育研究力が問われるようになってきていますから、管理運営の質保証も重要なテーマとなります。この節では、吉武[3,4]の論文を参考に、大学の管理運営のあり方やその質保証について議論します。

教育研究における組織的取組と経営の質の重要性

　大学は、その教育研究水準の向上に資するため、教育及び研究、組織及び運営並びに施設及び設備の状況（「教育研究等」という。）について自己点検・評価を行い、その結果を公表するとともに、教育研究等の総合的な状況について認証評価を受けることが義務づけられています。同法でいう「組織及び運営」（以下では「組織・運営」とよびます。）は「教育及び研究」を支える「ソフト」であり、「施設及び設備」は「ハード」であるといえます。これら三つの要素が密接かつ有機的に関わりあいながら教育研究水準の向上が促進されることになります。

　その一つである組織・運営と本節の主題である管理運営の関係について

は、これら用語が使われる文脈によって異なりますが、大学の教育研究においても、教員個々の興味・関心や能力のみならず、教員間、教員・職員間の協働による組織的取組の重要性が増しつつあります。図3-2は、大学教育改革に関する諸概念の関係と全体像を示したものです。教員個々の教育力が重要であることはいうまでもありませんが、三つのポリシーやカリキュラムの構造化・体系化等の「組織としての教育力」が、これまでにも増して問われる時代になっています。

　研究についても、プロジェクト研究等、組織的研究が促進されるとともに、共同研究・受託研究に係る契約管理、知的財産管理、研究倫理をはじめ高度な組織的支援がより一層求められるようになってきました。また、社会・地域連携、国際連携等、大学の活動の多様化・広範化に伴って、組織的取組を一層高度化させる必要もあります。

　教育研究水準の向上を支える基盤は「経営力」です。ここでいう経営力とは、経営資源（人的資源、物的資源、資金、情報等）を獲得する力であり、これらの経営資源を有効かつ効率的に活用する力をさします。強い経営力が教育研究水準の向上を促し、高い教育研究水準が強い経営力を生み出します。

　大学を取り巻く環境が厳しさを増せば、経営の巧拙がより直接的に教育研

図3-2　大学教育改革に関する諸概念の関係

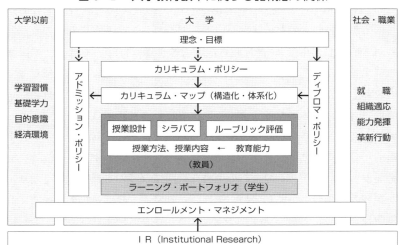

究水準に影響を及ぼすようになります。教育研究水準を維持・向上させるためにも、経営力を持続的に高めていく必要があります。高等教育の質保証においても、「経営の質」が重要な要素となってきています。

中央教育審議会等答申における「管理運営」

　組織・運営や管理運営を巡る議論は決して新しいものではなく、背景こそ異なるものの、少なくとも半世紀にわたり提起され続けてきた問題であることを踏まえておく必要があります。

　たとえば、1963年（昭和38年）の中央教育審議会答申[5]『大学教育の改善について』は、「大学の管理運営と大学の自治」、「学内管理機関」、「教員の身分取扱い及び待遇」、「大学と国家・社会」という4項目を掲げ、大学の管理運営のあり方を論じています。その中で、「大学の管理運営が円滑に行なわれ、その実をあげるためには、まず大学の学内管理機関のおのおのの職務権限を明確にし、学内管理体制を確立する必要がある。」とした後、「学長は、大学の管理運営の総括的な責任者である。したがって、大学全体の管理運営に関しては、責任をもって処理すべきものである。この場合、評議会その他の学内諸機関と連携を保ちつつ全学の総合調整を図り、かつ、その指導的機能を果たすべきものである。」と述べています。

　いわゆる「四六答申」として政策担当者や教育関係者に読み継がれてきた1971年（昭和46年）の中央教育審議会答申[6]『今後の学校教育の総合的な拡充整備のための基本的な施策について』でも、第3章「高等教育の改革に関する基本構想」の中で、「高等教育機関の管理運営については、その内部組織の割拠を避けるとともに、学の内外におけるさまざまな影響力によって、その教育・研究の一体的・効率的な活動が妨げられることなく、自主的・自律的に運営できる体制を確立すべきである。そのためには、教務・財務・人事・学生指導等の全学的な重要事項については、学長・副学長を中心とする中枢的な管理機関による計画・調整・評価の機能を重視するよう改善を加える必要がある。また、そのための適当な機関に学外の有識者を加えたり、適当な領域の問題について学生の声を聞いたりして、管理運営を積極的に改善する契機とすることも工夫すべきである。」と指摘されています。これに加えて、この答申では、教育課程の改善の方向、教育方法の改善の方向、教育

組織と研究組織の機能的な分離等も提案されています。

　さらに、1998年（平成10年）の大学審議会答申[7]『21世紀の大学像と今後の改革方策について―競争的環境の中で個性が輝く大学―』においては、「組織運営については、閉鎖的・硬直的であるとの批判がいまだに払拭されていない、学部自治の名の下に学問の進歩や社会の変化に対応した改革の推進に支障が生じている、情報公開や情報発信機能が不十分である等の問題点が指摘されている。」と述べた上で、「責任ある意思決定と実行―組織運営体制の整備―」として「学内の機能分担の明確化」をあげ、学長を中心とする全学的な運営体制の整備、全学と学部の各機関の機能、教員人事に関する意思決定のあり方、学校法人の理事会と教学組織の関係、大学の事務組織等の課題について、改革の方向性を示しています。

　これらの答申における「管理運営」や「組織運営」は、近年「大学のガバナンス」として論じられている課題とその内容においてほぼ同義であると考えられます。江原[8]は、「大学の管理運営（ガバナンス）とは、大学が教育や研究、社会サービス（社会貢献）等の社会的役割を適切に果たすために、人的・物的資源を整備・活用し、その組織を運用していく仕組みとプロセスを意味する言葉である。」とし、「この管理運営には政策立案や目標設定、権限（オーソリティ）と責任（レスポンシビリティ）の行使の他、経営（マネジメント）、つまりそれらを実施するための仕組みやプロセスも含まれる。また、管理運営には二つのレベル、つまり①大学と政府や企業等の学外の利害関係者（ステークホルダー）との関係と、②学内における大学管理者とその他の大学構成員、とくに大学教員との関係が考えられる。」との整理を行っています。

大学組織の本質を踏まえた改革の必要性

　前述のとおり、その時々で背景や状況は異なるものの、半世紀にわたり指摘され続けてきた問題に大学はなぜ有効な解を見出せなかったのか、この点にこそ管理運営を巡る問題の本質があると考えなければなりません。

　大学は、教員を構成員として合議により合意形成を行う「共同体的組織」を中心に発展し、法人組織や事務組織のような指揮命令と機能分業を基本とする「経営体的組織」は補完的な位置づけや役割にとどまってきました（第

一部第2章第3節、p.20）。実際の大学運営の中に、このことを端的に表す制度や運用を容易に見つけることができるはずです。

　その一方で、18歳人口の減少等を背景に大学間競争が厳しさを増す中、法人としての経営の巧拙が教育研究力や大学自体の持続可能性を左右する状況が生じつつあります。また、「組織としての教育力」が問われる時代にあって、教育改革の取組や学生支援の充実等に大学職員がより主体的・能動的に関わることが求められるようになってきました。過去からの延長で教員と職員の役割を固定的に考えたり、教員組織と職員組織を明確に区別したりしたままで、今日の大学に求められる機能を効果的に果たすことは困難といわざるをえません。これからの大学は、共同体的組織と経営体的組織という二つの要素を適切に組み合わせるとともに、教員と職員がそれぞれの経験や能力を生かし、必要な諸機能を最も効果的に担い得る、新たな発想に基づく組織設計と人材配置を行う必要があります（コラム3-3）。

コラム3-3

これからの大学は、
共同体的組織と経営体的組織という二つの要素を適切に組み合わせるとともに、**教員と職員がそれぞれの経験や能力を生かし**、必要な諸機能を最も効果的に担い得る、**新たな発想に基づく組織設計と人材配置を行う必要がある。**

　組織設計という場合、本部、機構、委員会等、「容れ物」としての組織単位や会議体をイメージしがちですが、それぞれの組織単位や会議体にどのような役割・機能を位置づけ、責任・権限を付与するかに至るまで、明確に規定することが不可欠です。また、意思決定システム、レポーティングシステムやコミュニケーションルート、業務処理プロセス等の仕組みまで詳細に設計する必要があります。これらを効率的に行うための標準化やIT化も重要です。

　近年の大学改革においては、新たな組織の設置や既存組織の組み換えを「改革」として評価する傾向も見られ、組織を変えること自体が目的化する状況が生じていないか、十分な目配りが必要と思われます。

　組織設計と並んで大切な要素は人材の配置・育成です。共同体的組織であっても経営体的組織であっても、それを運営する能力をもった人材が配置されなければ、組織は期待された機能を発揮することができません。教員か職員かにかかわらず、そのような能力をもった人材の育成システムを確立する必要があります。

　企業のような組織では、小さな組織を率いる経験からスタートし、より大きな組織を率いる経験を重ねながら、OJT（On the Job Training）でマネジメント能力を獲得していきます。大企業になれば、階層別研修等の Off-JT（Off the Job Training）も整備されています。このような育成システムをもちながらも、日本企業に対してはグローバルビジネスの場でリーダーシップを発揮できる経営人材の育成の立ち遅れが指摘されています。

　企業経営と大学運営では異なる面が多く、同列に論じることはできませんが、教員についても職員についても、運営能力をもった人材を如何に効果的・計画的に育成するか、その方針の明確化と具体的なシステムの構築が不可欠です。

　加えて、多様化・高度化する大学業務を担うことのできる高い専門能力をもったスタッフ人材の育成も急務です。2017年4月からの SD（スタッフ・ディベロップメント）の義務化はその象徴であり、2016年（平成28年）3月31日付の高等教育局長名の通知では、対象となる「職員」に、事務職員のほか、教授等の教員や学長等の大学執行部、技術職員等が含まれることが明記されています。

　ここで重要な点は、先にも触れたとおり、教員か職員か、あるいは第三の職かといった「職種」に縛られた発想から脱却し、如何なる役割を期待するかという「機能本位」の発想や枠組みで最適な人材配置を考える必要があるということです。

　教育研究を担当するのは教員ですが、企画管理、学生支援、学務といった機能については、それぞれに期待される役割と求められる能力要件を明確にした上で、教員か職員かを問わず、それに相応しい人材を登用することが重要です（図3-3）。学生支援や学務について、教員が主たる成員となる組織とそれを支援する事務組織を二重に構えることが、これまで当たり前のよう

図3-3　大学の組織および人材配置・育成のあり方に関する試案（概念図）

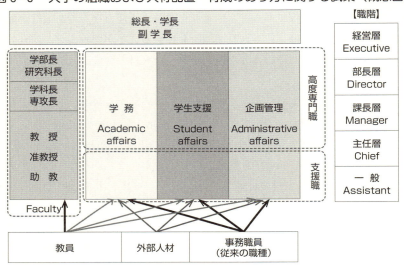

に行われてきましたが、責任の所在が曖昧になるだけでなく、職員の当事者意識や主体的・能動的な態度を養うという観点からも見直すべき課題と考えられます。

「管理運営の質保証」の意義と課題

　ここまで、教育研究における組織的取組や経営の質がより一層問われるようになったこと、大学は管理運営問題を指摘され続けながら今日まで有効な解を示せていないこと、そこには大学組織特有の構造的問題があり、それを踏まえて組織設計と人材配置・育成の両面で改革を行う必要があること等を述べてきました。

　これらを踏まえて、高等教育の質保証における「管理運営の質保証」の意義と課題について考えてみます。

　大学改革支援・学位授与機構が大学機関別認証評価について定めた「大学評価基準」は10の基準で構成されています[9]が、基準9として「財務基盤及び管理運営」が設定されています。基準9を設定した意義や背景等を説明する「趣旨」の中で、次の事項が必要であると述べています。

　①　事務組織を含めた管理運営組織が教育研究等に関わる活動を支援、促

進すべく有機的に機能していること。

②　予測不可能な外的環境の変化等への対応や法令遵守・研究倫理等を含めた危機管理体制の整備、各構成員の責務と権限が明確に規定され、滞りなく効果的に運営すること。

③　大学内外の関係者の意見やニーズを把握した上で、組織として迅速で的確な意思決定を行うこと。

この基準においては、大学の活動の総合的な状況に関して自己点検・評価を行い、継続的に改善を行うための体制が整備され、適切に機能しているかについても、評価しています。

大学基準協会[10]が定める「大学基準」においても、基準9として「管理運営・財務」が設定されています。そのうちの管理運営に関する解説では、明確な中・長期の管理運営方針の策定と構成員への周知、民主的かつ効果的な大学の意思決定プロセスの担保、教学組織と法人組織の権限と責任の明確化、関係法令に基づいて明文化された規定にしたがい、適切・公正に管理運営を行うこと、学長・学部長・研究科長・理事等の権限・責任の明確化とそれらの適切な任命、適切な事務組織を設置し、十分に機能させること、事務職員の意欲・資質の向上を図る仕組みの構築等の要素をあげています。

二つの基準を比較すると、後者の「大学基準」における「管理運営」の方が、前者の「大学評価基準」における「管理運営」よりやや広く、中央教育審議会答申等が言及してきた「管理運営」と重なり合う部分もありますが、両基準とも、教育研究組織や教員組織の編成・運営とは明確に区別して「管理運営」を位置づけています。そして、両基準ともその解説において事務組織や事務職員に関する事項が明記されています。

とくに、「大学評価基準」において「事務組織を含めた管理運営組織」との解説が付されているように、教育研究を担うのは教育研究組織であり、その主たる構成員は教員であり、それとは別に事務組織を含めた管理運営組織があり、それは主として事務職員によって担われているとの考え方に基づき、基準が設定されていると解釈できます。

実際の教育活動や研究活動を担うのは教員ですが、たとえば、ディプロマ、カリキュラム、アドミッションの三ポリシーを策定し、カリキュラムを構造

化し、教育の質保証システムを回すためには、教員と職員がそれぞれの経験
と能力を生かしつつ協働する必要があります。

　先に述べたとおり、教育研究組織か管理運営組織か、教員か職員かという
従来の二分法では対処できない課題や業務が増加しつつあることを踏まえ、
機能本位の考え方に基づく新たな組織設計と人材配置・育成が必要になって
きています。

　「管理運営」は、何を管理し、何を運営することを意味する概念かを明ら
かにすることなく、その時々の文脈の中で使われてきた面があることは否め
ません。新たな組織設計と人材配置・育成のあり方を追求する中で、あらた
めて「管理運営」の意味を問い直し、その目的や構造を明らかにした上で、
それに相応しい質保証システムを構築することが求められています。

第3節　多様化の中での標準性：
学習成果を示す学位名と資格枠組

　多様性が強調されてきましたが、説明責任を果たすためには、高等教育機
関は標準性も重要です。わが国では、各高等教育機関を設置する際に適用さ
れる設置基準が定められています。これらの設置基準を満たしていること
は、高等教育機関には義務づけられており、最低基準です。この最低基準の
下で、多様性を発揮することが求められているのです。学位あるいは職業資
格は、学生の学習成果を社会に示す重要なツールです。多様化が進んだ結果
として、学位名が一つの課題として鮮明になりつつあります。

　現在の日本の学校教育法に基づく学位は、博士、修士、専門職学位、学士
および短期大学士の五種類です。学位の専門分野について、1991年（平成3
年）6月30日以前には、「○学修士」「○学博士」と専攻分野を明示したもの
が授与されていました。大学設置基準および学位規則（文部科学省令）で、
1991年7月1日以降は、「学士（専攻分野）」「修士（専攻分野）」「博士（専
攻分野）」のように専攻分野を付記する形で授与されるよう改正されました。
これは、学術研究の高度化や学際領域への展開等の状況に柔軟に対応するた
め等の目的で実施されたものです。どの専攻分野で学位が授与されたかを表

記することは社会的に有用であるとの判断から、学位を授与する際には、その定めるところにより、専攻分野を付記するものとされました。しかし、最近とくに大学卒業で授与される学士について、問題が指摘されています。

「学士」には、本来、在学中に何を学んだかを社会に示す役割があります（第三部第3章第2節、p.140）。高等教育のグローバル化が進展する中では、知識・能力等の証明である学士の透明性、同等性が要請されています。ところが、上記のように1991年（平成3年）に大学設置基準が改正され、原則として、大学等が自由に学部・学科や学位の名前をつけられるようになって、驚くべき変化が起こりました。学士の学位の数は、1991年には29種類であったものが、2013年度には、学士694種、修士687種、博士443種にまで達しています[11]。しかも、当該大学にしか存在しない名称が、約6割を占めているともいわれています。

このような事態を憂慮し、中央教育審議会答申[12]は「学位が保証する能力の水準が曖昧になることや、学位そのものが国際的な通用性を失うことへの懸念が強まってきている。」と指摘しています。さらに、日本学術会議[13]は「英文標記に置き換えたとき、普遍性があり国際的な通用性が担保されるものでなければならない。」と注文をつけています。

これまでは、大学設置の規制を緩和したり、機能別分化を促進したりすることで、個々の大学の個性化・特色化が積極的に進められてきました。この結果、大学全体の多様化は大いに進みました。しかしながら、学士課程あるいは各分野の教育においては、最低限の共通性が必要であるという議論は、必ずしも重視されてきませんでした（コラム3-4）。このように過度に細分化された状態が、真に学問の進展に即したものなのか、学生の学習成果を社会に示すものとして適切なのか、能力の証明としての学位の国際通用性を阻害するおそれはないのか等、懸念をもたざるをえない状況です。

コラム3-4

　多様性やユニークさを競うあまり、**過度に細分化しすぎた状況**が垣間見える。今や、国際通用性が求められる流れの中で、高等教育に必要な**共通的なルール作り**（標準化）を考えるべき時である。

　いずれにしても、学位に付記する専攻分野の名称については、学問の動向や国際的通用性を配慮して適切に定めることが不可欠です。とくに、類例がなく定着していない名称は避けるように努めることが肝要です。仮に、それを用いる場合には、関連する既存の学問領域との関係について説明責任を果たすことが求められます。

　欧州では、国際競争力を備えた欧州高等教育圏の実現をめざして、域内の各国の学位制度の標準化、学修内容を共通様式で示す「学位証書補足資料」（ディプロマ・サプリメント）の導入に向けた取組が進んでいます。日本の学士が、どのような能力を証明するものであるのかという国内外からの問いに対して、明確に答えられるような取組が必要ではないでしょうか。

　専門学校の修了者には、高度専門士あるいは専門士の称号が与えられます。この称号は、学校教育法で学位と規定されていないものであり、学位ではありません。法令上の学位は世界的通用性を保証するものですが、これらの称号はあくまで日本国内でのみ通用するものとされています。

　最近、異なる教育セクター間の移動や、国内外の機関間の学生移動が増えています。この場合には、移動前の教育機関で獲得した単位の認定や、学位・学習履歴の認証が必要になります。また、学位・学習履歴の認証の視点も、教育のインプットから学習成果（アウトカムズ）へ変化しています。そして、職業経験、企業研修、地域貢献ボランティア等も学習成果として単位認定される例もあります。分野によっては、それぞれの分野固有の資格が決められており、他分野から資格名だけからは、学生が身につけた学力や能力が理解しにくい例もあります。このような現状を踏まえると、高等教育の資格（qualifications）と資格枠組（qualifications framework）に着目する必要があります。資格とは、学校教育、職業訓練、高等教育、生涯教育等により獲得した技術、能力、知識の証明です。資格枠組は、生涯をつうじて、国を超えて、また国内において、学習者や就業者の学習・訓練および移動に有用な情報を提供することが期待できます（コラム3-5）。

　欧州31か国の職業教育（Vocational Education and Training, VET）担当大臣と欧州委員会は、職業教育における「コペンハーゲン宣言」（2002年11月）を採択しました[14]。これから始まった「コペンハーゲン・プロセス」は、

```
┌─ コラム3-5 ─┐
```

資格枠組の効用
・学習経路の明確化
・異なる教育セクター間の架橋
・多様な学習の成果の認証

高等教育分野において欧州の共通枠組を構築していこうとしている「ボロー
ニャ・プロセス」と同様の取組を、職業教育分野においても 2010年（平成
22年）までに実現をめざすもので、職業教育における「能力および資格の認
証」や「質保証の促進」等の政策を推進しています。欧州資格枠組（European
Qualifications Framework, EQF）は、学習者や就業者の国境を越えた流動
化や生涯教育の促進をめざしています。EQF の目的は、異なった国の資格
システムと欧州共通の枠組とを関係づけることです。これによって、個人や
雇用者が、異なった国や異なった教育・訓練システムの資格レベルを理解し
やすくなります。EQFでは、資格取得に必要とされる学習成果を知識、技能、
能力の三つに類別して、8 段階のレベルで示しています[14]。EU 加盟国は、
それぞれの国内の資格枠組（National Qualifications Framework, NQF）を
EQF に参照づけることが推奨されています（図3-4）。これによって、異
なる国の資格を比較しやすくなります。その結果、異なる国に移動した時に、
重複した内容を学習することを避けることが可能になります。

　知識社会が進展するとともに、知識・技能や人材需要が高度化し、高等教
育機関に対しては、職業教育をつうじて、自立した職業人を育成することが
求められています。また、学生の多様な職業教育ニーズや、さまざまな業種
の人材需要に応えていくことも重要です。このため、職業教育体系を明確に
する資格枠組を整備することが不可欠です。この資格枠組によって、人々が
自らの能力、志向、適正にふさわしい学習の場を選択し、職業に必要な能力
を習得できる環境を充実させることが、高等教育にとって重要な課題です。

図 3 - 4　欧州資格枠組

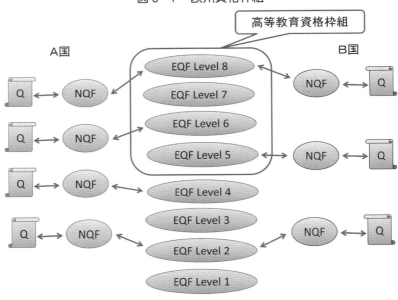

《注》

（1）　大学基本情報（2012）http://portal.niad.ac.jp/ptrt/table.html（アクセス日：2017年 2 月15日）

（2）　大学ポートレート（2015）http://portraits.niad.ac.jp/（アクセス日：2017年 2 月15日）

（3）　吉武博通「大学における高度専門職の意義と育成について考える」『リクルートカレッジマネジメント 191』、2015、pp. 54-57

（4）　吉武博通「ガバナンス改革の実効性を高めるための方策に関する一考察」『名古屋高等教育研究』16、2016、pp. 179-193

（5）　中央教育審議会『大学教育の改善について（答申）』昭和38年 1 月28日　http://www.mext.go.jp/b_menu/shingi/old_chukyo/old_chukyo_index/toushin/1309479.htm（アクセス日：2017年 2 月15日）

（6）　中央教育審議会『今後の学校教育の総合的な拡充整備のための基本的施策について（答申）』昭和46年 6 月11日　http://www.mext.go.jp/b_menu/shingi/old_chukyo/old_chukyo_index/toushin/1309492.htm（アクセス日：2017年 2 月15日）

（7）　大学審議会『21世紀の大学像と今後の改革方策について―競争的環境の中で個性が輝く大学―（答申）』平成10年10月26日　http://www.mext.go.jp/b_menu/shingi/old_chukyo/old_daigaku_index/toushin/1315932.htm（アクセス日：2017年 2 月15日）

（8）　江原武一「大学と国家・市場」『シリーズ大学 6　組織としての大学―役割や機能

をどうみるか』広田照幸他編著、岩波書店、2013

（9）　大学機関別認証評価　大学評価基準　平成16年10月（平成23年 3 月改訂）http://www.niad.ac.jp/n_hyouka/daigaku/__icsFiles/afieldfile/2016/05/24/no 6 _ 1 _ 1 _ daigaku2kijun29.pdf　p. 19（アクセス日：2017年 2 月15日）

（10）　「大学基準」およびその解説　http://www.juaa.or.jp/images/accreditation/pdf/e_standard/university/u_standard.pdf　p. 60（アクセス日：2017年 2 月15日）

（11）　国立大学84校（回答率97.7%）、公立大学73校（88.0%）、私立大学529校（88.2%）の回答から算出。平成26事業年度業務実績等報告書　p. 114　独立行政法人大学評価・学位授与機構（2015）http://www.niad.ac.jp/n_koukai/22jyou/no10_hyoukahoukokusyo26.pdf（アクセス日：2017年 2 月15日）

（12）　中央教育審議会『学士課程教育の構築に向けて（答申）』　平成20年12月24日　http://www.mext.go.jp/component/b_menu/shingi/toushin/__icsFiles/afieldfile/2008/12/26/1217067_001.pdf（アクセス日：2017年 2 月15日）

（13）　学位に付記する専攻分野の名称の在り方について（2012）http://www.scj.go.jp/ja/member/iinkai/daigakusuisin/pdf/s-gakui 8 -1.pdf#page= 4 （アクセス日：2017年 2 月15日）

（14）　川口昭彦著、一般社団法人専門職高等教育質保証機構編『高等職業教育質保証の理論と実践』専門学校質保証シリーズ、ぎょうせい、平成27年、pp. 117-120

第3章

学術（教育研究）の質保証

　日本の大学においては、かつては、学部、学科あるいは研究科といった組織に着目した整理が行われていましたが、今や、学士・修士・博士・専門職学位といった学位を与える課程（プログラム）中心の考え方で整理されつつあります。そして、入学者受け入れ方針（アドミッション・ポリシー）、教育課程編成・実施方針（カリキュラム・ポリシー）、学位授与方針（ディプロマ・ポリシー）の三つの方針が、ほとんどすべての組織で設定されています。また、シラバス、GPA制度、CAP制度あるいは学生による授業評価等の国際化に向けた「小道具」も、多くの大学に導入され、機能しています。大学評価・学位授与機構が行った教育の国際化に向けた取組のアンケート調査[(1)]の結果からも、グローバル化のための「道具立て」は整ったといえます。

　このように、グローバル人材育成の内容・方法等は、グローバル・スタンダードに近いものとなっています。わが国の高等教育が国際通用性をもつためには、グローバル・スタンダードを視野に入れた質保証体制の整備も重要な課題です。第1節では、社会のニーズが高い、分野別（プログラム別）教育研究評価について考察します。第2節では、わが国における質保証の方向性についてグローバルな視点から問題提起を行います。第3節においては、学術的誠実性（academic integrity）の視点から学術の質保証を論じます。

第1節　教育研究の分野別評価・質保証

　大学の教育研究活動の評価は、今や大学評価制度以外にもさまざまな形で行われるようになっています。

　大学評価制度としては、2000年から行われた試行的な大学評価[(2)]が第三者評価制度の始まりです。これは、1998年（平成10年）の大学審議会答申『21世紀の大学像と今後の改革方策について―競争的環境の中で個性が輝く大学―』に基づいて導入されたものでした。この答申は、大学の多様性の促進を

基調としていたため、大学評価も各大学固有の目的を尊重したものとなり、大学間の比較を避けた方式がとられました。その後、2004年からは、認証評価と国立大学法人評価の二つの評価制度が実施されています。これらでも各大学の目的の尊重は基本理念となっています。認証評価では、大学設置基準等の法令に基づいた確認もしますが、多くの基準は画一的なチェックをするためのものではありません。各大学が自身の目的を踏まえて自己評価書を作成し、その文書や根拠資料に基づいて評価が行われます。国立大学法人評価では、それぞれの大学の中期目標・計画に基づいて、その達成状況が評価されます。

　このように、大学評価制度が大学の多様性や自律性を尊重した評価を行ってきた一方で、近年の大学改革の流れの中では、大学間の比較や、政策が求める方向に大学を誘導するための、評価に類似する取組が行われるようになっています。

　比較という点では、民間組織による大学ランキングは典型的な例です。政府においても、たとえばスーパーグローバル大学創成支援事業や研究大学強化促進事業等、大学単位の各種の競争的資金制度の採択場面において、共通的な定量指標を含む採択審査が行われ、事後には政策課題に対応した各大学の計画の達成状況が指標とともに評価されます。そこでは、必ずしも各大学の分野構成（学部構成）の多様性は考慮されません。たとえば人文社会系の学部を有していると、研究費獲得額や論文発表数等の指標において低めの結果が出る場合もあります。

　国立大学の第3期中期目標期間の前には、学部・研究科を単位とした「ミッションの再定義」が行われました。そこでは、各学部・研究科は、文部科学省が分野ごとに求める客観的データを提出し、各大学の強み・特色・社会的役割（ミッション）を整理する作業を行いました。小方[3]は、教育学分野のミッション再定義の過程を詳細に分析し、教育学部では「小学校教員の地元シェア」が実績指標として重視されたと述べています。これは、この指標が教育学分野の教育の質を総合的に示すからではありません。中学校・高等学校の教員ですと他学部の卒業生が教員になることも多いため、各地域に国立大学の教育学部が存在することを正当化するために、この指標が必要

であるという、政策的理由が反映されたものになっています。

　このように評価に類似した取組が評価制度以外に行われるようになったということは、前述のような特徴を重視してきた評価制度が、現在の社会、政府、あるいは学術界のニーズに十分応えていないのかもしれません。そのため、よりバランスがとれた評価方法を模索することが求められます。たとえば、各大学固有の目的達成を大学間の比較が不可能な形で見るのでもなければ、学部構成が異なる比較不可能な大学を無理に一律の指標で比較するのでもない評価です。また、大学や学術界が自らの内部規範だけで自己規制の評価を行うものでもなければ、政策課題や社会ニーズへの対応要求のみで受動的に評価されるものでもない評価です。すなわち、コラム3-6に示す内容が求められます。

コラム3-6

分野別教育・研究の質保証のためには、
大学や学術界が、政策や労働市場等の**外部からの期待を踏まえ**つつ、自律的に教育・研究の**本質的な質や水準を定義**して、評価枠組みを構築することや、**多様性の存在を前提**としつつも分野別には教育・研究の質を観る**分野固有の基準を設定**することが求められる。

　このような視点を基に、この節では、教育・研究の分野ごとの評価基準や質保証のあり方について、大学改革支援・学位授与機構研究開発部が実施した二つの取組例を紹介します。第一は、2016年度実施の国立大学法人の教育・研究評価の中で行う学部・研究科単位の現況分析（教育・研究の水準評価）における学系別の「参考例」の作成です。第二は、プログラム単位の外部質保証の実現可能性に関する調査とそれを踏まえた質保証のあり方です。

学部・研究科の教育・研究水準の評価

　国立大学法人の教育研究面の評価では、大学の機関単位の中期目標・計画の達成状況を評価するだけでなく、学部・研究科を単位とした「現況分析」、すなわち教育・研究の水準評価が行われます[(4)]。この評価では、評価項目や記述内容例は、どの分野にも共通のものが定まっています。つまり、医学部も文学部も同じ項目や記述内容例のもとで自己分析を行い、評価がなされま

す。しかし、もとより医学教育と人文学教育では教育内容・方法やその学習
成果は異なり、それらを評価する視点も異なるはずです。研究活動や成果に
ついても、どのような種類のものを研究成果の種類と考えるか、その質をど
のようなデータを用いて観るかも異なります。

　そのため、評価者が各分野において教育・研究活動を分析するために参照
できる文書として、分野ごとの「参考例」を、人文学、社会科学、理学、工
学、農学、教育学、保健の7学系について作成しました[5]。作成にあたって
は、まず、第1期法人評価（2008年度）の結果を分析し、評価者によって優
れた取組と判断された事項を抽出しました。また、評価対象期間中に政府や
学界や産業界から出された答申や報告の中で、各分野の教育・研究に対する
期待事項の分析も行いました。これらは、大学・学術界の内部と外部に存在
する評価の視点になりうる情報として考えます。これらの情報を基に、7学
系ごとに設置した検討会にて、各分野の教育・研究現場における現在の課題
は何であり、どのような活動や成果を高く評価しうるのかを議論して、参考
例を作成しました。

　分野ごとの視点の多様性 ―　多くの検討会においてまず議論されたの
は、このような分野ごとの資料を作成することの是非でした。参考例の策定
にあたっては、大学の多様性を尊重するために、一律に適用される評価基準
としてではなく、大学や評価者が参考にしうる例示とする方針をとっていま
した。しかし、それでも例示が大学の活動や自己評価の記述を束縛する懸念
が強く示されました。他方で、例示がなければ大学側も何を記載することが
期待されているのか不明であり、評価者の共通見解も形成しにくいという意
見も同時に示されました。

　このような作業をすることで何が得られたのか、分析項目「教育成果の状
況」を例にみてみたいと思います。自己評価のための「実績報告書作成要領」
には、表3-8に示す指示がされていますが、これ以上の具体的な記述内容
については、大学や学部・研究科に委ねられています。

　この教育成果の項に対応する前回の法人評価の結果においては、どのよう
な事項が高く評価されていたのかを、図3-5に示します。分野ごとに、「期
待を上回る」と高く評価された学部・研究科の評価書に記載された事項とそ

表3-8　国立大学法人評価「実績報告書作成要領」分析項目「教育成果の状況」の記載例

観点2-1　学業の成果
　この観点では、学部・研究科等が設定した期待する学習成果を踏まえつつ、在学中や卒業・修了時の状況から判断して、学業の成果が上がっているかについて記述してください。その際、在学中や卒業・修了時の状況から判断される学業の成果を把握するための取組とその分析結果については、必ず記述してください。
【記述内容例】
● 履修・修了状況から判断される学習成果の状況
● 資格取得状況、学外の語学等の試験の結果、学生が受けた様々な賞の状況から判断される学習成果の状況
● 学業の成果の達成度や満足度に関する学生アンケート等の調査結果とその分析結果

観点2-2　進路・就職の状況
　この観点では、学生の卒業・修了後の状況から判断して、在学中の学業の成果が上がっているかについて記述してください。その際、卒業・修了後の状況から判断される在学中の学業の成果を把握するための取組とその分析結果については、必ず記述してください。
【記述内容例】
● 進路・就職状況、その他の状況から判断される在学中の学業の成果の状況
● 在学中の学業の成果に関する卒業・修了生及び進路先・就職先等の関係者への意見聴取等の結果とその分析結果

図3-5　2008年度国立大学法人評価において「期待を上回る」判定結果の記載事項

		人文科学	社会科学	理学	工学	農学	保健	教育	全体
4-1	単位修得	80%	44%	50%	8%	50%	15%	50%	33%
	成績状況	20%	11%	13%	15%	0%	0%	50%	10%
	留年率	40%	0%	0%	23%	13%	10%	0%	12%
	退学率	20%	0%	25%	8%	25%	0%	25%	10%
	卒業率	60%	22%	63%	46%	88%	25%	50%	45%
	学位取得率	0%	11%	13%	8%	25%	10%	0%	10%
	免許・資格	40%	67%	38%	8%	100%	95%	75%	63%
	外国語外部試験	40%	0%	0%	15%	13%	0%	0%	7%
	学生の研究成果	20%	22%	13%	8%	25%	5%	0%	15%
	学生の受賞	20%	22%	13%	15%	13%	10%	25%	15%
	JABEE認定	0%	0%	0%	31%	13%	0%	0%	7%
4-2	授業評価アンケート	50%	75%	67%	85%	83%	46%	75%	68%
	在学生調査	50%	25%	17%	8%	17%	54%	38%	30%
	卒業生調査(直前/直後)	50%	38%	67%	54%	17%	31%	50%	43%
	改善・フィードバック	0%	0%	0%	0%	0%	38%	0%	8%
5-1	卒業後の進路確定率	29%	0%	33%	10%	0%	7%	0%	9%
	進学率	71%	55%	100%	60%	90%	36%	25%	57%
	就職率	100%	27%	50%	70%	50%	50%	50%	54%
	職種別	14%	9%	0%	20%	30%	0%	0%	10%
	業種別	29%	36%	67%	30%	60%	14%	83%	44%
	就職先の特徴	14%	36%	33%	20%	10%	14%	17%	20%
	資格免許	0%	18%	17%	0%	0%	21%	0%	9%
	臨床研修	0%	0%	0%	0%	0%	36%	0%	7%
	就職支援対策	14%	0%	0%	10%	0%	0%	25%	7%
5-2	卒業生への調査	80%	55%	71%	75%	83%	13%	0%	55%
	就職先への調査	100%	55%	100%	63%	50%	73%	100%	70%

の記載割合を示しています。全体的には、単位修得、卒業率、資格取得、進学率、就職率等の指標、授業評価の結果、在学生・卒業生ならびに就職先へのアンケート調査等を根拠として評価しているものが多い傾向があります。分野特有の記載事項としては、JABEE 認定プログラムの卒業（工、農）、臨床研修（医）等があります。それ以外の項目でも記載割合の値は分野間で差異がみられはしますが、分野ごとの教育のどのような特性がその違いに反映されているのか明確ではありません。

　それに対して、分野ごとの検討会では、指標では得られない多様な学習成果の捉え方が示されました（表3-9）。総括的な学習成果としての卒業論文とその指導・評価方法を重視すべきという議論がなされた分野がある（人文学や農学）一方、実習・演習を通した基礎的な学習成果の確認が重要とされる分野（理学）、学習成果が身についたと考えられる理想的な事例を述べることによってジェネリックスキルを含めた成果を示すという方法も考えられる分野（社会科学）、資格試験結果を重視しつつもそのようなキャリアルートから外れた学生の支援を重視すべき分野（保健）等、さまざまな議論がなされました。

　これらの議論と比べれば、2008年度国立大学法人評価で記載された指標やアンケート調査結果は、各分野の教育者が重要と考える学習成果の一部を反映した外形的な内容に過ぎません（図3-5）。分野ごとの教育・研究の質を促進するためには、このような分野の特性を考慮した議論の場を形成して、質の概念を明示化していくことが重要であると考えられます。

分野別の教育の質保証

　上記の現況分析は、学部・研究科を単位に教育研究の優れた実績に焦点をおいて段階判定をする評価です。その一方、分野別の教育の質保証では、たとえばカリキュラムが各分野で必要な事項を適切に含んでいるか等、プログラム等を単位に、最低限満たすべき事項を確認すること等が求められます。

　質保証における分野やプログラムの視点 ―― 日本の機関別認証評価は大学を単位としています。分野別の質保証については、たとえば、専門職大学院については専門職大学院認証評価が行われています。工学分野では日本技術者教育認定機構[6]（JABEE）が評価を行い、保健分野では医学の日本医学

表 3 - 9　各分野の検討会における議論内容（学修成果に関する評価の視点）

分　　野	議論の内容
人文科学	・卒業論文が、計画性、資料調査、論理的に結論を導く力等の、社会人になる上で必要な知識を学ぶのに役立っており、重要な教育方法である。卒論指導・審査体制・発表支援が重要項目。 ・人文学的素養を有していれば、特定の職でなく、多様な職につくことが可能。就職先の幅広さが人文学の特徴。 ・人文科学系の学習成果が現れるのは長期的。卒後 5 年、10年の調査が重要。
社会科学	・ダブルスクールが実情であり、合格者数では教育効果は見えない。教育内容や方法との因果関係の記述が必要。 ・卒論がないところが多く「学習成果の総括的な評価」は概念として存在しにくい。 ・学士課程では、ジェネリックスキル＋分野の土地勘が実情。 ・社会科学における教育が成功した例は、学生が専攻した社会問題について仮説を生み出し、その仮説に基づいて語り展開できる能力が身についた場合。このような印象に残る例を理念型として示し、学部の状況を象徴させるのも一つの方法。学生アンケートでは見えない。
理　　学	・学生の基礎的な学力保証が理学では重要（実習の充実、支援体制、学習成果の確認体制）。
工　　学	・学生の受け入れ側（企業）の視点が重要。ただし、企業向けとアカデミア向けに分けた人材養成ではなく、企業との連携体制、企業からの理解も必要。
農　　学	・学習成果を総合的にみるには、卒論が一番重要。卒論の評価方法を工夫することも重要。
保　　健	・国家試験の平均的な合格状況は、医・歯・薬で異なるので分野の状況を踏まえる。ただし、合格率は重視すべき。同様に、共用試験の扱い（全国平均や各大学の平均点の開示、統一最低基準の設定）は分野により異なるため、分野に適した根拠データの提出の仕方が必要。 ・医療者に向いていない人間を別キャリアへの支援する体制をあわせて構築すべき。 ・臨床実習の到達目標や成績評価基準を明確にする工夫、客観的臨床能力試験の実施の工夫が重要。
教　　育	・学生カルテは標準的に行われている。ただし、教師としての力量を測定するような内容を卒業時に測定することは困難。 ・就職率については、都道府県内の採用状況が違うため、求人状況から見た自己分析が必要。教員以外にも、教育関係の就職先（塾、教育関係の出版社等）への就職にも意味がある。 ・授業アンケートは、カリキュラム改革に反映する等、改善取組への反映が重要。

教育評価機構[7]や薬学の薬学教育評価機構[8]をはじめとして、歯学、看護学、獣医学等の各分野で第三者評価機関が設立されたり、あるいは検討されています。しかし、それ以外の分野を含めて、広く質保証の取組が行われている状況にはありません。

　欧州諸国では、1990年代後半以降、まず外部質保証としての評価がプログラム単位で行われ、その経験を踏まえて外部質保証は機関単位へ焦点を移してきています。同時に、大学がその内部で行う内部質保証において、プログラム単位の内部承認やレビューの実施を求めるようになっています（たとえば「欧州高等教育圏における質保証の基準とガイドライン[9]」を参照ください）。また、国内あるいは欧州レベルの学会や専門職団体等が、外部質保証（プログラムの認定やレビュー）を行っている場合も多く、内部質保証ではそれらの結果を活用することも行われています。

　日本でも、認証評価の第3サイクルでは内部質保証を重視する方向性が示され、大学は教育課程（プログラム）等を単位に「三つのポリシー」を策定し運用することが今後求められることになっています。そうすると、海外同様に内部質保証においてプログラム等を単位に点検を行ったり、あるいは外部からの分野ごとの認定や外部評価を活用することが考えられます。その際、分野ごとに点検のために参照しうる「参照基準」やモデルカリキュラム等の情報を形成したり、外部から認定や評価の活動を担ったりする主体としては、上述のように、学術の側では学協会が、労働市場の側では職業資格を設定・授与する団体や専門職能団体が考えられます。しかし、わが国において工学や保健以外の各分野でも何らかの取組が進んでいるかは明らかではありません。分野ごとに、質保証の取組の必要性やその是非が、どのように考えられているかも不明です。そこで、学協会と資格・専門職団体に対して、分野別質保証の実施是非、必要性、留意点がどのように認識されているか、現時点で質保証に関連する取組がどれほど行われているかを調査しました。

　ここでは学協会の結果に絞り説明します。学協会への調査は、学協会のデータベースである「学会名鑑」に登録された団体（ほとんどは日本学術会

表3-10　学協会への調査票の送付数と回答状況

	団体数	割　　合
送付数	2021	100%
有効回答数	729	36.1%
「該当活動なし」連絡数	21	1.0%

図3-6　質保証に関する認識の差異

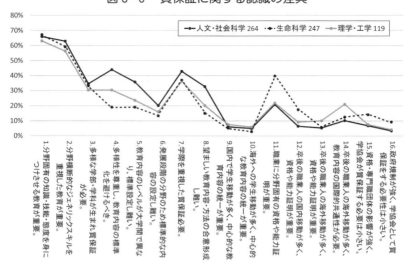

議協力学術研究団体指定団体）に行い、送付数と回答数は表3-10のとおりです。同データベース内で各学会は30の分野から１つを選択しており（2015年データの場合）、以下ではそれを用います。

　分野ごとの質保証に関する認識　——　学協会への質問では質保証に関していくつか想定される考え方を列挙し、同意するかを５件法で求めました。図3-6には、30分野を日本学術会議の３部会（人文・社会科学、生命科学、理学・工学）に集約して、５件法で４以上の肯定的回答の割合を示しています。

　結果は全体的に、各分野固有の知識・技能・態度を身につけさせる教育が重要と考える団体が多いのと同程度に、分野横断的なジェネリックスキルを重視した教育が重要という考えが強く示されました。人文・社会科学では、教育内容の多様性を尊重し、教育内容の標準化を避けるべきという意見が強く示されています。また、教育内容のレベルが大学間で異なり、標準を設定し難いという意見も強いです。

　生命科学では、卒業生が職業につくために分野固有の資格や能力証明が重要という考えが顕著に示されています。欧州でみられるような、学生や卒業

後の労働者が国内・海外に異動することで、教育内容の標準性や能力証明が必要という認識は全体的に低い傾向にあります。

　ただし、詳細にみれば3分野内でも傾向は異なっており、理学分野でも多様性の尊重傾向が高い分野（化学、地球惑星科学）、工学分野で海外での能力証明を重視する分野（電気電子工学、機械工学）、社会科学でも資格による職業能力の質保証が重要視される分野（心理学・教育学）等があります。

　質保証に関する取組の実施状況 ── 質保証に関連する取組が、どの程度行われているのでしょうか。図3-7には、回答した学協会自身が実施中・実施を検討中、あるいは、当該分野の関連団体が実施中・検討中という回答結果の合計を示しています。全体的に実施数は少ない結果となりました。ただし、会員数が少ない学協会は特定の研究領域に特化している場合が多く、教育との対応に関しては、一部の授業科目やその中のトピックにしか対応しない場合もあります。そのような学協会では教育の質保証の取組は少なくなる傾向があるため、会員数で各分野上位1/4に入る大規模学会の回答傾向も図には合わせて示しており、取組状況は若干増します。

図3-7　質保証に関連する取組の実施状況

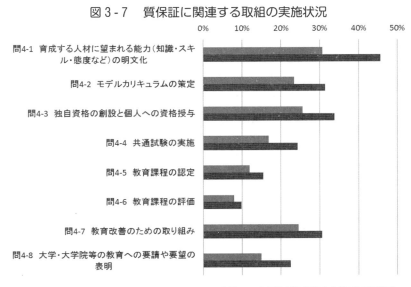

　取組の中でも、育成すべき能力の明文化は比較的多く実施されており、31％が何らかの取組があると認識しています。ここには日本学術会議による「大学教育の分野別質保証のための教育課程編成上の参照基準」の作成も含みます。大規模な学会に限れば、46％が何らかの取組があると認識しており、学部や学科に相当するようなレベルでは、能力の明文化の取組が半数程度の分野で進んでいることがわかります。

　その他には、実施状況が多い順に、独自資格の授与、教育改善の取組、モデルカリキュラムの作成、共通試験の実施、大学教育への要望書の発出、教育課程の認定、教育課程の評価となっています。とくに、大学卒業レベルの資格、ならびに卒後の職業経験を経たのちの専門資格を設定している学協会がいくつかあることが、調査からわかりました。医学分野や心理学分野でそれらは多いですが、たとえば人文・社会科学においても「宗教文化士」「地域調査士」等の資格が設立されています。そこでは、資格授与のために大学の授業科目群の認定や試験作成・実施をすることで、それが学協会内で当該分野のカリキュラムに含むべき教育内容についての議論を生み、質保証につながっているというヒアリング結果も得られています[10]。

今後の分野別質保証のあり方

　上記の調査から、分野によって質保証の是非の考えや実施体制の現状は多様であることがわかります。そのため、分野の差異や利用可能な情報の違いを意識した設計が必要です。

　とくに、日本では既に機関単位の認証評価が存在しているため、すべての分野について、プログラム単位の外部質保証をさらに求めることは評価への対応負担の面からも現実的ではありません。そのため、まず、大学自身の責任として内部質保証の中で、分野ごとの質保証を行う枠組みを形成することが必要となります。さらに、そこに外部の目が、各分野の特性や必要性に応じた形で入る枠組みを形成することが考えられます。調査結果からは、育成すべき能力やモデルカリキュラム等の参照情報の形成の取組については、実施状況が比較的高く、内部質保証に活用されることが期待されます。これによって、内部質保証が単なる自分自身による点検ではなく、学術界や労働市場（専門職）において求められている事項に適合しているかを点検すること

ができます。同時に、外部者を含む評価を自ら実施して、外部者の目を入れることも望まれます。さらに分野によっては、評価やプログラムの認定、あるいは外部試験等の分野別外部質保証を活用することも期待されます。これらを図示すると図3−8のようになります。

　内部質保証がこのように実現できれば、機関別の外部質保証（認証評価）は、内部質保証が適切に機能しているかに焦点をおくオーディット型評価にすることができます。また、本節の前半で紹介した国立大学法人評価における学部・研究科単位の現況分析でも、そのような分野別やプログラム別の質保証から得られた優れた実績を活用して、分野の特性を踏まえた自己分析ができるようになります。

　このように、それぞれの分野における教育研究の質とは何であるかという議論がもっと行われ、それらを踏まえて評価や質保証が行われるようになれば、評価や質保証の取組が教育研究の質向上へとつながりやすくなることが期待されます。

図3−8　分野別質保証のあり方

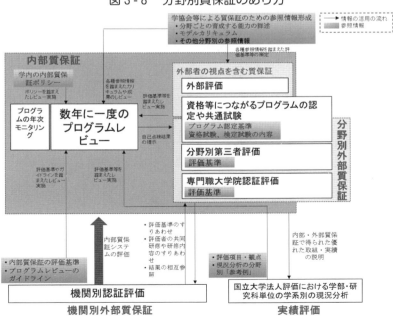

第2節　グローバル人材育成の質保証

　グローバル人材育成のための環境整備が急務なことの認識は、近年、日本全体で共有されています。グローバル人材育成推進会議[11]は、コラム3-7の提言をしました。高等教育機関もグローバル人材育成の重要な役割を果たさなければなりません。文部科学省も「グローバル人材育成のための大学の国際化と学生の双方向交流の事業」として、大学の国際競争力の強化やグローバル人材を育成する環境整備を促進する政策を実施しており、大学でも「グローバル化」という言葉を耳にする機会が非常に多くなっています。

> **コラム3-7**
>
> 　**グローバル人材育成**には、政府・行政関係者のみならず**大学関係者・団体や企業関係者・経済団体等を主動的な起点とする一つの社会的な運動として、継続的な取り組み**が必要である。

　しかしながら、Times Higher Education 大学ランキング[12]では、2015年アジア版で第1位だった東京大学は、2016年には第7位となり、シンガポール大学が1位となっています。また、世界ランキング100位以内には、日本と中国がそれぞれ14大学と23大学がランクインされています。このようなランキング結果から、日本の地位はアジアの中で相対的に低下しているのではないかという懸念もあり、国際競争力はむしろ低下していると世界からは認識されているのではないかと危惧されています。

　わが国におけるグローバル化機運の高まりが、なぜ世界の評価に反映されていないのでしょうか。この節では、「グローバル人材」の認識について、国内と海外とのギャップを分析した調査を紹介します。その上で、そのような社会の認識を高等教育機関がどのように把握・対応しているかについて考察しつつ、今後の日本におけるグローバル人材育成とその質保証について議論します。

日本の有用な人材をどのように保証するのか？

　発展途上国への国際協力を目的とした日本人材を派遣する際に、人材の有

用性を説明・保証するために必要な要素について、人材の選定や派遣の実施に関わっている独立行政法人国際協力機構（JICA）10部署の責任者（13名）を対象にヒアリング調査を実施しました（2016年1月〜3月）。ヒアリングの主な内容は、表3-11に示す三点です。

表3-11　JICA責任者に対するヒアリング調査の内容

① 日本から派遣する「専門家」人材を選定する際に重要と考える要素は何か。
② 派遣相手国に選定した「専門家」人材が有用であると説明・保証する際に重点的に提示する要素は何か。
③ 派遣相手国に「専門家」人材の有用性を説明・保証する際にコンフリクトは起きているのか、起きている場合はどのようなケースか。

　ヒアリング結果から、相手国との人材の質に関するコンフリクトについて、67%の責任者が「コンフリクトは特にない」と回答する一方で、約84%の責任者が人材の派遣までの過程では、人材の質について相手国との調整が必要であると認識していました[13]。

　人材の有用性について説明・保証する過程で、JICAと相手国関係機関との間で焦点となる要素は何でしょうか。人材の質保証に関する頻出キーワードとして、学位、資格、実務経験、専門家が抽出されました（図3-9）。抽出された要素同士の関係性分析〔共起ネットワーク（ランダムウォーク）図3-10〕から、「専門家」としての質を保証するには、実務経験、資格、学位が中心的要素となり、職種やJICA・政府による質保証が若干関係していることが理解できます。一方、コミュニケーション力や語学力については、他の抽出要素に比べ重要性は低いという結果になりました（図3-9）。しかし、ヒアリングデータを詳細に分析すると、人材を保証する際に重要視する要素について、JICAと相手国とで差異がみられました。この認識のギャップは、現状ではJICAと相手国との調整によって解消されてはいますが、潜在的なコンフリクトの存在を示唆しています。そのギャップとは、JICAは「実務経験」をもっとも重要視する一方で、相手国は「学位」を重要視するケースです。日本も派遣先国も、専門家として有用性の高い人材とは、その領域に関する高いスキル・知識をもっている人材であるという認識では一致していますが、スキル・知識の質保証として、わが国は「実務経験」をエビデンス

とする一方、相手国はその領域の「学位」をエビデンスとして求める傾向がありました。

　具体的に「専門家」の質保証のエビデンスについて、日本ではどのように認識され、相手国はそれについてどのような反応をしているのでしょうか。第一に、「実務経験」は、100%の責任者が重要であると認識しており、相手国とのギャップはありません。多くの責任者は、日本の強みは現場でコツコツと物事を積み上

図3-9　人材の質保証に関する抽出された主な用語

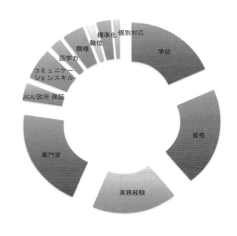

げて経験を積むという環境であり、学歴にこだわって出身大学・学部で判断するより、実務経験でいかに適応できるかが重要であると考えていました。第二に、「資格」については、約半数の責任者が「重要である」と認識している反面、50%弱の責任者は「重要ではない」と認識していました。「重要である」と認識する理由として、助産師、はり、マッサージ等の領域では学士を取得していなくても、「資格」が専門家としてのスキル・知識を保有していることのエビデンスとなることがあげられます。しかし同時に、多くの責任者が、「資格」単独では十分なエビデンスではなく、必ず「実務経験」そして、その詳細な内容の提示が相手国に必要となると考えていました。わが国が、多くの外国人労働者を受け入れる社会になってくれば、日本国内の各資格は基本的には国際標準に合わせていく戦略をとるべきだという回答もみられました。一方、「重要ではない」と認識している責任者の中には、資格の国際標準への危惧を示す回答もみられました。多くの資格に、国際標準が設定され、日本もそれへの適応が求められる時代になると、その資格の保有者以外派遣できない事態になり、ターゲットになり得る人材の幅が狭まり派遣システムの柔軟性がなくなるのではないかとの危惧がもたれています。

図3-10　キーワード同士の関係性分析（共起ネットワーク）

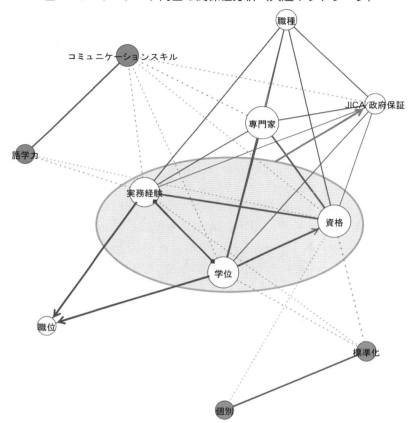

　また、日本で取得できる多くの資格は国内での活用が前提であり、海外から
は、その資格が必ずしも専門職として認識されていないケースが多く、国際
社会では使えないとした認識がありました。
　「学位」については、44％の責任者が重要であると認識していましたが、
求める学位のレベルが日本と海外では異なることは、多くの責任者が認識し
ていました。日本では専門家は学士の取得が必要条件として考えられていま
すが、海外では専門家は少なくとも修士あるいは博士の学位が望ましいと考
えられている傾向がありました。この点について、今までの実務経験や、実
務実績を説明し、学位レベルが相手国の要求水準に満たなくても、その学位

レベルと同等、またはそれ以上のスキルを獲得していることを説明する等、頻繁に相手国との調整が必要となるケースがあるとの回答が得られました。この傾向は、「学位が重要でない」と回答している責任者も相手国の認識のギャップについては、同様の回答をしています。しかし一方で、学位レベルが高くなくても、中小企業においては世界に通用する独自の技術をつくる環境があり、高度なスキルをもつ人材を輩出できることが日本の強みであり、学位を重要視する世界の流れに迎合して日本社会の教育システムを変えなくても、日本の強みは相手国に理解されているとも考えられていました。

　ヒアリングデータから抽出された人材の質保証に関するキーワードの中で出現回数が少なかった「コミュニケーション能力」「政府保証、JICA 保証」について考えてみましょう。「コミュニケーション能力」が重要と考えていた責任者は 4％でしたが、「政府保証・JICA 保証」については、責任者全員が重要であると考えていました。「政府保証・JICA 保証」は出現回数が少ないにもかかわらず、その要素に焦点をあてたヒアリングでは、100％の責任者が「重要である」と考えている理由として、日本政府が保証しているODA という性質から、JICA・政府がすべての人材を選定し、質を保証しなければならないことがあげられます。すなわち、多くの責任者は、JICA・政府による質保証は自明の理であり、わざわざ質保証の要素にあげなかったため出現回数が少なかったのです。日本が選定した人材が相手国の求めている条件に合わず、調整が難航する場合、最終的には、JICA がその人材を保証するという形で決着させるケースが多々あるという回答もみられました。

　「コミュニケーション能力」について、96％の責任者が「重要ではない」と回答している理由としては、コミュニケーション能力は自分のスキル・知識を相手に伝えるための単なる道具であり、高度なレベルまで必須ではなく、「専門家」とされる人材はその能力が備わっているケースが多く、あまり問題にならないと考えられていました。すなわち、語学力より、専門家としてのスキル・知識の方が重要であるという回答が大多数となっています。

JICA ヒアリング結果から見えてくること

　調査結果から、日本が有用な人材として専門家の質を保証するエビデンスとしては「実務経験」が最も重要であり、日本の強みを活かせると考えてい

ることが理解できます。日本の資格制度は、国内の文脈で設置されており、海外ではエビデンスとしては通用しないと認識され、あくまでも「実務経験」の補強材料として捉えられています。この状況を踏まえて、「資格」を補強レベルにとどまらせ、国際標準にとらわれない柔軟性をもたせるべきなのか、国際標準に対応し、「資格」を「実務経験」と並ぶエビデンスにするべきなのか、日本国内で議論する必要があります。

　「学位」については、日本ではあまり重要視されない一方、国際社会ではスキル・知識のレベルを証明するエビデンスとして認識されている傾向があります。日本社会が「学位」取得より、OJT（On the Job Training）に重きをおく社会であることは、2011年から2012年にかけて世界24か国約15万7千人を対象に経済協力開発機構（OECD）が実施した国際成人力調査（PIAAC）において、日本における社会人教育への参加率が世界平均から大きく下回る結果からも明らかです[14]。この世界との傾向差は、世界に向けた人材の質保証という観点からは一つの障害となっている可能性は否めません。しかし、実務経験をコツコツと積み上げ、独自の技術を生み出していく企業風土は日本の強みでもあります。日本の人材育成方法の強みを活かしながら国際標準にどう対応するのかが鍵といえます。

　最後に、多くの高等教育機関が獲得のために積極的に取り組んでいるグローバル人材教育のためのコミュニケーション能力、語学力については、有用な人材を保証するためのエビデンスとしては捉えられていません。一方で、自分の知識やスキルを伝達するための手段として使えるレベルは必要不可欠です。したがって、「手段として使える」とは、どのようなレベルなのか、また、その能力は高等教育課程において主要な学習成果として位置づけられるべきなのか、あるいはそれ以前の課程において獲得させておくべきなのか等について議論し、日本としての方向性を明確にすることが肝要です。

　この調査は、ODAという発展途上国への援助や出資という一般社会の人材交流とは異なる性質の活動における人材に関するヒアリングです。したがって、この結果が世界の労働市場における日本の人材の質保証についての全体像を反映しているとはいえないかもしれません。しかし、日本政府による保証があっても、人材の質をエビデンスをもって説明・保証するのは難し

いわけで、政府の保証がない労働市場においては、日本の人材が国際競争力をもつことは、さらに難しいことを意味します。重要なことは、人材がどの程度の質であるかを世界の労働市場に理解させる形で証明しなければ、その人材が活用される場が提供されないということです。多くの国では、自国の人材の質を証明するためのエビデンスを蓄積するシステムの構築が進んでいます。調査からも明らかなように、海外では、「実務経験」の他に「学位」や「資格」がスキル・知識レベルを証明するエビデンスとして認められており、職に直結しています。したがって、多くの国では、学位−資格−スキル・知識−職の関係性をレベル別に設定し、この枠組みのグローバル・スタンダードが自国の枠組みと合致、または、比較可能とすれば、自国の人材の質保証を世界中に発信することができますし、他国から自国に入ってくる人材についても、その質を確認することができます。このことから、学位−資格−スキル・知識−職の枠組みを学位・資格枠組（Qualifications Framework: QF）として多くの国が設定しています。たとえば、EU は European Qualifications Framework（EQF）として EU 圏内のスタンダードとして構築しています。EU の多くの国は、EQF を基盤にして自国の QF を構築、修正しています（第三部第 2 章第 3 節、p.122）。このような動きはアジア地域でもみられ、ASEAN 諸国は、ASEAN Qualification Reference Framework（AQRF）を参照しながら、自国の QF を構築することを推奨しています。世界の動向は、有用な人材を育てるだけでなく、人材の質を学位−資格−スキル・知識というセットで証明することが主流となっています。今までは有用な人材を育て社会に送り出すことが高等教育機関の役割とされてきました。しかし、労働市場の国際化、それに伴う人材の世界中からの流出入が活発な現代においては、育てた人材を国際社会に理解されるエビデンスを伴った質保証つきで社会に送り出さなければ、国際競争のスタート地点にも立たせてもらえない時代がきています（コラム 3−8）。高等教育機関の役割は、人材の育成から人材の育成・質の証明に拡大してきているのです。

高等教育機関は人材の質保証の役割を認識しているか？

　国際競争力のあるグローバル人材の育成が急務であるという認識は、日本政府を始め高等教育関係者にも共有され、さまざまな取組が実施されていま

> ### コラム3-8
>
> 高等教育機関は、
> 育てた人材を**国際社会に理解される**エビデンスを伴った**質保証**つきで社会に送り出さなければならない。

す。しかし、上述のように、世界の流れは「育成＋育成した人材の質保証」という次の段階に進んでいます。そこで、日本の高等教育機関が、教育を受けた人材の質保証について、どのように注力しているのか探ってみましょう。文部科学省は、高等教育機関のグローバル人材育成の体制強化を目的として、国際拠点整備事業補助金を高等教育機関に拠出しています。本調査[15]では、高等教育機関によるグローバル人材育成のための活動に対する質保証への取組についての分析を目的として、スーパーグローバル大学等事業および大学の世界展開力強化事業に採択された134事業（2011～14年）から公表されている取組概要の中から、質保証活動に関する記載内容を抽出後、それらをデータとしてクラスター分析を行いました。

　分析の結果、質保証への取組として記載された内容は、四つのクラスターに分類されます（表3-12）。第2・第3クラスターは内部質保証への取組であり、第4クラスターは外部質保証への取組です。

　分類された各クラスターの取組内容から、各クラスターは質保証活動のレベルを反映しており、第1クラスターから第4クラスターの取組になるにしたがい、質保証活動の成熟度があがっているといえます。採択された事業に関する質保証の成熟度は、どの程度でしょうか。採択された事業の取組内容として記載されているすべての質保証活動のレベルを第1クラスターの質保証活動を第1段階として第4段階までにコーディングしました。その結果、約16％の事業が質保証活動について記載がなく、約52％の事業が第1段階の活動に留まっていることがわかりました。しかし一方で、約16％の事業は第3段階の活動を行っており、約2％の事業では第4段階の質保証活動が記載されていました。

　事業の性質から、ほとんどの大学では国際共同教育プログラムの構築、実施に取り組んでいます。そこで、各段階におけるプログラムの質保証に関す

表3-12　高等教育機関における人材の質保証に向けた取組例

クラスター	取組内容
1	単位互換制度の確立、GPA制度やラーニングポートフォリオ等、学生に学修成果を確実に獲得させ、そのプロセスや結果を蓄積し、可視化するツールの導入
2	プログラム等が設定した学修成果の獲得に効果的か、第1クラスターで導入したツールが正しく機能しているか等の自己点検・評価を目的とした学内委員会の設置、モニタリングの実施
3	高等教育・国際教育の外部専門家や企業関係者などから構成されるプログラム等の国際通用性を評価する学外委員会の設置、外部評価の実施
4	質保証機関やプログラム評価を行う団体・組織による外部質保証の審査[17]

るパートナー校との協働状況を分析しました。この結果、第1段階では、39%の事業が取組内容をパートナー校と協働で計画・実施していました。パートナー校との協働作業が読み取れる傾向は、段階を追うごとに減少していき、第2段階では27%、第3段階では16%の事業が海外のパートナー校との協働の下で、質保証活動を実施していました[16]。このことから、質保証活動は、主に国内の文脈で実施されている可能性が示唆されました。もちろん、本分析はあくまでも公開されている取組概要をデータとして分析していますので、記載されていない活動が、実際には実施されている可能性もあります。しかしながら、大学は公開される取組概要には、大学として重要性が高い活動を記載するものと考えられますので、分析結果は大学の現在の認識を反映しているものと思われます。

　以上の分析結果から、文部科学省が採択した事業においても、その質保証活動には課題があることが推測できます。日本の大学は、自らが育成した人材の質を保証し、そのエビデンスを社会に向けて発信する重要性の認識が十分ではないといわざるをえません。日本の大学には、世界に視野を向けた質保証が求められているのです。

日本におけるグローバル人材育成とは

　社会や大学における日本と世界の認識のギャップについて議論してきました。人材を保証するためには「実務経験」「学位」「資格」に関連したエビデンスが求められることは、世界的な流れです。しかしながら、わが国では、

「学位」はスキル・知識の質やレベルを証明するものとしては必ずしも認識されていません。この認識は、社会人の生涯教育の参加率が低いことにも反映されています。確かに日本のOJTによる知識・スキルの獲得は質が高く、日本の強みともいえます。しかし、質の高い人材を育成しても、その質を証明するシステムが世界のそれと異なると、その証明には困難（時にはコンフリクト）が伴うことになります。JICAの調査で明らかになった「調整の必要性」とは、この点に主な原因があるものと考えられます。

　JICAのヒアリング調査から、エビデンス不足で調整が難航した人材も派遣した後は、そのスキルに非常に高い評価を得られた事例も多くみられます。すなわち、日本は人材を育成することについては一定の評価が得られているにもかかわらず、その質を世界に向けて証明する方策が、十分には機能していないと考えられます。質を説明・保証するためのエビデンスへの認識、とくに「学位」と知識・スキルレベルとの連携について、日本が世界と同じ道を歩むためには、日本社会全体で議論しなければなりません。高等教育機関は、育成した人材の質保証を行うことへの世界的な要請を認識しなければ、真の意味での大学のグローバル化は促進されません。今や、人材育成のグローバル・スタンダードだけではなく、人材質保証のグローバル・スタンダードをも意識しなければならない時代が到来しています。

第3節　高等教育の質保証と学術的誠実性

　21世紀における高等教育の国際化の進展と高等教育へ社会の関心の増大は、近代、とくに20世紀において歴史的に確立してきた高等教育の形態を均質かつ一様なものとして想定することを困難にしました。その中で高等教育が、さまざまな国・地域で置かれている社会的、歴史的脈絡に依存し、資源を私的、公的に提供する社会に内在する複雑な構造に由来する錯綜した責任、関与を有していることが明らかになってきています。このような現代の状況において、一様に条件や基準を定め、容易に測定可能な指標によって大学を評価し、質保証することは次第に困難となり、大学等の高等教育機関が関与する社会の諸要素への責任をどのように形で果しているかという要素を

考慮した評価と質保証が求められています。

　高等教育機関は、高等教育の場であり、かつ学術研究の場です。このことは、機関の責任のあり方に対して特殊な様相を付与しています。すなわち、普遍的な価値としての真理の探求をその目的に掲げつつも、機関におけるさまざまな実践、それを制約したり賞賛するための規則、行動規範は、その機関が置かれた社会的文脈によって決定されざるをえません。前者の価値は学術の基礎ですが、後者の文脈はその実現を常に脅かします。前者の価値を優先して考えることが学術的に誠実な立場であるとすれば、このような脈絡から問題となる状況を「学術的誠実性（academic integrity）」の問題と称して一括して扱うことが可能でしょう[18]。

　これらの問題は、高等教育の質保証という課題を新しい観点から見直すことを求めています。複雑に入り交じる利害関係者の間の異なる規範の相反関係のため、流動する現代の脈絡に置かれている高等教育機関の営為を評価するという作業の中では、学術的な観点を無条件に最優先することがますます困難になっています。したがって、現段階における学術的誠実性の問題を高等教育の質保証という課題に則して整理することは、必要かつ有意義でしょう。

　この節では、学術的誠実性の問題を、①研究活動における学術的誠実性の問題、②教育における学術的誠実性の問題、および③大学評価における公正性の取組の三つの視点に関して、それぞれ事例をあげつつ、現在、注目されているいくつかの話題を解説します。

研究活動における学術的誠実性

　「研究不正」として一般に一括される捏造、改竄、剽窃等の研究の過程において非難しうる行動、研究発表の質を維持するための論文査読制度を脅かすさまざまな企み、知的探求活動でありながら産業や安全保障との関係で「純粋に」学術的とはよび難い思考方法等があげられます。

　捏造・改竄・剽窃 ── 高等教育機関、とくに大学の社会的使命は、人材の養成にとどまるのではなく、教員として雇用した研究者の研究活動を支援することによって社会と人類に貢献することです。一般に研究活動を担う研究者の行動に対しては、倫理的な制約が課されています（コラム3-9）。これらの倫理的規範の中でも、とりわけ近年は、合意を遵守し、誠意をもって

行動し一貫した思考と行動を行うこと、すなわち誠実性（integrity）が注目されています。

コラム3-9

研究活動に従事する者に期待されている**倫理的規範**[19]には、次のことが含まれる。
- 合意を遵守し、誠意をもって行動し**一貫した思考と行動を行うこと**。
- 正直かつ客観的で**偏見、差別を持たないこと**。
- 自らの能力の向上に努めるとともに**同僚研究者に敬意を払い**後進の育成に励むこと。
- **研究成果を公表する**とともに査読過程の秘匿性等の**信頼関係を維持する**こと。

　医療、環境、エネルギー、社会保障、安全保証等の分野を中心に、学術的研究の社会的影響力が圧倒的なものとなっています。さらに、学術的研究の実施が公的資金なしではほとんど不可能になっている21世紀初頭においては、学術的研究の社会的信頼がなによりも重要になっていると思われます。このことが誠実性が注目されるようになった背景であり、誠実性を欠く時には学術研究に対する社会からの信頼が損なわれるにもかかわらず、信頼を損なう代表的な行為が目立つようになってきています。それは、一般に「研究不正（research misconduct）」とよばれ、「捏造・改竄・剽窃（Fabrication, Falsification, Plagiarism, FFP）」と三分類されることが多い不適切な行動です。さらに、2010年代の日本においては、公的資金が大学を含む研究実施機関に導入されていることから、そのような資金の執行に関する規律が誠実性の問題の一部として扱われる傾向にあります。

　これらの「研究不正」とされる行動は、かならずしも法律的な処罰の対象ではなく、また学術の観点からも非難すべきであるかは明らかではありません。にもかかわらず、たとえば剽窃が学術の世界において確かに問題になっているのは、学術における約束事を守っていない、すなわち、誠実性を欠くという理由からです。その約束事の中には、(広い意味で) 同僚に敬意を払い、公平無私であることが求められ、その約束事に誠実であることが求められる

ことから、他人の研究成果を自分のものとして発表する剽窃が学術の世界における非難の対象となると考えられます。この学術の世界における約束事は、誰が最初にその結果を発表したかを重視する研究者のコミュニティにおける規範であるにすぎません。また、剽窃が発覚して研究者コミュニティから追放されたとしても、（場合によれば著作権法違反で告訴されることがあるかもしれませんが）一般社会の法律で断罪されるわけではありません。

　同様の事情を捏造や改竄についても指摘することができます。研究活動における捏造とは、たとえば、実験をしていないので実際にはデータが存在しないにもかかわらず、なんらかのデータを提示し、それを分析し、結論に至ったとして、論文を発表するような場合です。要するにデータを「作る」ことです。もちろん全く実験をしていないと同僚にもすぐわかりますので、実験はしますが実際には測定できていない「都合のよい」値に「作り変える」ことは、捏造とよばれる場合もありますが、普通は改竄として分類されています。もちろん、実験の技量が劣っているために生じた測定結果と都合よく「作り変えられた」値との区別がつかない場合もありえます。その場合に問題になるのは、実験能力ではなく、データを「作って」いるか否かであるということになります。捏造は、実験を含む分野だけで問題になるのではありません。たとえば、考古学資料や歴史的資料をでっちあげて「新発見」を装うことも捏造です。さらに、資料や実験結果を作ることがない場合でも、実際には公刊されていない文献を「引用」したり、統計資料を参照したりすることによって、研究成果の説得力を補強することも含まれます。これらの行為に対する非難に共通することは、研究者コミュニティに対する欺瞞を根拠とすることです。したがって通常、制裁はそのコミュニティからの追放になります。

　ここで「研究者コミュニティ」が何を意味するかを整理しておく必要があります。研究者コミュニティとは、第一義的には学術的団体であり、同じ分野の研究活動に従事する者が、自らの利益、権利と後進の育成のために集う組織です。しかし、研究者は、必ずしも研究への従事によって生計を立てているとはいえません。多くの研究者は、研究機関に所属し、その機関の使命の一つである研究活動の一端を担うことによって給与を得て生計を立ててい

ます。そのような「研究機関」の相当の部分を占めるのは「高等教育機関」ですので、「研究者コミュニティ」とは、多くの場合「大学教員」を主要な部分として含むコミュニティになります。このことから、研究における学術的誠実性の問題は、大学における学術的誠実性の問題ともなります。

　近年、インターネットを利用する研究発表形態が一般化することによって、大学教員の肩書をもつ研究者が発表した学術論文の内容に剽窃、改竄、捏造の存在が指摘されることが多くなっています。わが国においても、2012年に大学病院に所属する医療関係研究者の200編近い論文が捏造されたデータを利用していることが関係学会の調査で明らかになったり、2014年には影響力のある指導的立場の教授が主催する研究室から発表された数十編の論文において改竄が見られることが、論文に含まれる画像データを第三者が解析することによって明らかになる等の事件があり、法的な訴追はされなかったものの、関与者は解雇等の処分を受けています。この状況は、研究者コミュニティや大学コミュニティが、それぞれのコミュニティにおける規範としての学術的誠実性を侵した構成員を自律的な判断によって排除ないし更生したと理解できます。

　この状況に対して、日本政府（文部科学省）は、2015年度から『研究活動における不正行為への対応等に関するガイドライン』（以下「ガイドライン」とよびます。）を適用することとして、その中で「科学研究の実施は社会からの信頼と負託の上に成り立っており、もし、こうした信頼や負託が薄れたり失われたりすれば、科学研究そのものがよって立つ基盤が崩れることになることを研究に携わる者は皆自覚しなければならない」と関連コミュニティの自覚を促しています[20]。

　この対応は、あくまで研究者コミュニティ、大学コミュニティの自律（すなわち、内部規程に基づく適切な処置）を期待することを前提とするものであり、行政機関が研究コミュニティの自律に介入する段階には至っていないと考えられます。ただし、配分された経済的支援の運用については、「研究機関における公的研究費の管理・監査のガイドライン（実施基準）」を改正（2014）して、行政的により介入的な手順によって適正化を図っています。

　研究の質の維持 ── 高等教育機関と初中等教育機関を区別する重要な基

準が、研究の遂行にある以上は、研究の質の評価は教員の評価における不可欠の要素とならざるをえず、教員の評価が、教育の質の評価の一部を構成することになります。日本においては、このために大学および大学内の組織の新設、変更にあたり、教育する内容に相応しい教員が量的、質的に確保できているかについて文部科学省が審査し、新設、変更について認可する（設置認可）することを原則としています。具体的には、文部科学省は、教員組織として、設置の趣旨・目的を達成するために必要な教員が配置されているか等について確認するとともに、教員の個々人について、当該科目を担当することができるか等を審査しています。

　大学等の設置認可にあたっては、学校教育法の定める大学設置・学校法人審議会に諮問することとなっていました。しかし、この原則に変更はないものの「授与する学位の種類及び分野の変更を伴わない」場合には、同省に届出をすることによって設置できるように改正されました[21]（2003年、同法第4条第2項の追加）。これは、同審議会の審議のための内規を廃止して、告示以上の法令として規定し透明化を図ることと同時期に行われました。したがって、教員の質の審査は、設置認可において設置当初の計画と完成年度までの状況については、設置審査という形で実施されていましたが、21世紀になって、それまでの基準、解釈が明確化され、各大学等が的確に条件を判断できることから、その設置認可の審査を受けない形でも新設することが可能になったことを意味しています。

　したがって、教員の質を保証することによる教育の質の保証は第一義的には、教員を雇用する高等教育機関の責任であるといわざるをえません。高等教育の質保証機関は、このことを認識して、各機関において「どのような質の管理が行われているか」という評価項目を設定しています。たとえば、大学改革支援・学位授与機構は、その大学評価基準における教員組織に関する基準については、「教員の任用、昇任の基準が定められ実施されているか」、「教員の研究を含む業績の評価が適切に実施されているか」を確認しています。

　実際に大学等が教員の研究業績を端的に評価することは困難ですが、研究活動の成果物、すなわち近代以降においては、研究成果の発表媒体としての論文、著書、学会発表等の量と質とを根拠として、研究活動ないしその担い

手である研究者に関する評価を行うことが通例となっています。とくに、研究成果の大学の外部における発表については、その成果が発表に価するものである否かを、他の大学、研究機関に属する同一分野の研究者（ピア、同輩者）が事前に判定して（レビュー、閲読）、学術雑誌への掲載を採択したり、学術集会における発表を認める慣行がほぼ制度化されており、このような仕組みを一般に「ピア・レビュー（peer review）」とよんでいます[22,23]。

　残念ながら、原理的には、ピア・レビューは、客観性や透明性を欠く評価方法です。なぜならば、同輩が構成する集団は基本的に「閉じた」集団であり、「外部の目」が客観的に評価する方法ではないからです。しかし、専門的な内容の研究成果あるいは研究計画を評価するということは、その成果を産出した研究者あるいは研究計画を提案する研究者と、少なくとも同等の研究能力を持つことが必要であることは当然です。したがって、専門的な集団における質の保証としての成果発表に関するレビュー制度が、ピア・レビューの形態をとることは不可避のことであるといわざるをえません。とくに、どのような成果を研究者コミュニティが共有することが必要であるかを判断するためには、今その分野の研究に取り組んでいることが必要であることに疑問の余地はないでしょう。

　しかし、ピア・レビューという方法の欠陥は、まさにそれがピアによるレビューであることに起因しています。第一に、ピア、すなわち同じ分野における同程度の研究者は、共同体の維持に対して共通の利害をもつとしても、やはり、お互いに競争する相手です。したがって、ピアの研究成果、ピアの研究計画を評価するということには、常に利益相反の可能性が潜んでいることになります。第二には、ピアは相互に知り合っていることがほとんどです。学術集会で会うこともあるでしょうし、あるいは、同じ研究室の同窓生であるかもしれません。したがって、いわば「身内」を評価することも往々にして必要になってきます。ここにもやはり（反対の意味ですが）利益相反の可能性が潜んでいるでしょう。さらに第三に、ピアが構成する集団は、上述のように共同体の維持に対して共通の利害をもっており、かつ、ピア・レビューをその共同体に対する外部者が再検証することは原理的に不可能であるため、その共同体の構成員が「結託」すれば、社会に危険をもたらすよう

な判断をすることもありえるでしょう。

　このようにピア・レビューに内在する本質的問題だけではなく、21世紀になって研究成果の発表手段がデジタル化され、インターネットを利用して行われるようになったことから、顕在化してきた問題もあります。たとえば、プリントジャーナルの時代には、物理的な制約から限定された数の論文のみを出版することが可能でしたが、オンラインジャーナルは、論文としての価値が認められた時に、そのままオンラインで発表すればよいことになります。限定的な数の論文しか出版できなかった時には、それを出版することの学術的な「意義」や「重要性」をピア・レビューによって判断することが通例でしたが、出版できる論文の数に制約がなくなれば、そのような判断は不要となり、方法が科学的に妥当であれば採択する方針というオンラインジャーナルが登場しても不思議ではありません。実際、現在毎年数万編の論文を出版している *PLOS ONE* や *Scientific Reports* 等のタイトルは、その方針を公式に採用しています。しかし、それだからこそ、研究成果の発表をすることが自己目的化した研究者が自分の論文を掲載しやすい、たとえば、実質的なピア・レビューのシステムが機能していないオンラインジャーナルが登場する余地も生じ、実際、そのようなタイトルが多数存在することが確認されています。

　しかし、学術的観点からの専門的判断が必要な論文の掲載可否判断においては、ピア・レビューは不可避であり、これらの本質的または現代的な課題に対して学術的コミュニティがどのように対応するかが求められています。この対応を、学術的誠実性の維持といわずして何ということができるでしょうか。

　研究成果の発表に関する学術的誠実性の維持を研究者コミュニティとして実現するために、研究成果の発表を担う学術ジャーナル出版者も含めた活動が、21世紀にはいってから体系的に展開するようになってきています。その中でもっとも有力なものとしては、出版倫理委員会（Committee on Publication Ethics, COPE）が、イギリスで学術雑誌の編集委員を務める研究者を中心に1997年に設立されて以来、関心をもつ関係者を糾合してさまざまな活動を行っています。その活動の中心は、「ジャーナル編集者行動綱領（Code of

Conduct for Journal Editors）」の普及にあります[24]。ここでいう「ジャーナル編集者」とは、上述で言及したピア・レビューに実際に従事し、かつ、それらを管理運営する人びとのことですが、2011年に改訂されたこの綱領は、編集者、編集委員会としてどのような手順を踏むことによって誠実な出版が可能となるかを項目ごとに示しています。このような COPE の活動に応じて、各分野、各国でさまざまな活動が行われるようになってきています。その一例をあげるならば、日本において日本医学雑誌編集者会議（Japanese Association of Medical Journal Editors, JAMJE）が、日本医学会分科会が発行する機関誌の編集者により構成される組織として発足しています（2008年）。

ビッグサイエンスと大学 —— 大学においては、高等教育と研究とが同時に同じ集団によって実施されるべきであると考えられてきましたが、研究のために必要な資金が膨大なものとなるにつれて、重要な変質を迫られることになりました。「本来の」研究活動は、研究者、学者の内生的な知識探求、好奇心によって駆動されるものであり、特定の利害関心に左右されないという意味で、そこに学術の普遍的価値の源泉の一つが存在すると考えられてきました。しかし、研究のための資金が膨大であるために、国家、企業から資金を得るということが必要になると、国家や企業それぞれにとっての価値と、学術の本来の価値との相克が歴然とします。

いわゆる「ビッグサイエンス」が、そのような事態の原因であると考えられています。宇宙開発、原子力開発、創薬・治療法開発への莫大な費用の投下の正当化は、20世紀における大戦と、それに引き続く「冷戦」および冷戦下における経済成長によって自然に行われるようになりました。このような変化のある意味での恩恵を被ったのは、北米、とくにアメリカのいくつかの大学です。たとえば、マサチューセッツ工科大学（MIT）は、大戦間期から政府資金、企業資金を導入しつつ、大学における基礎科学研究の振興を図ることに成功し[25]、また、その驥に倣ったスタンフォード大学のフレデリック・ターマン（Frederick E. Terman）は、同大学を「ミシシッピ川以西最強の大学」とするために、積極的に政府資金の導入を図るとともに、成長を遂げつつあったカリフォルニア州の各種産業との連携を推進しました。これ

らの大学が、20世紀末において傑出した評判を得ていることは誰の目にも明らかですが、北米におけるいわゆる「研究大学（research university）」がこのような政府、産業との関係の中でその力を得たことは、歴史的研究からも明らかです[26]。

　このような状況は、個別の研究者よりも大学をきわめて緊張した文脈に置くことになります。すなわち、大学における学術的研究が、人類に対して普遍的に寄与する学術的知識を生み出すことを目的とするものであるならば、これらの研究大学において行われている研究活動を支える資金の提供元が、個別の民間企業、個別の国家という限定された集団の利益、威信を追究するものであり、そのために研究の成果が利用されるということは、学術的研究の本来の目的とは相克します。したがって、大学は、ビッグサイエンスの時代においては、その「繁栄」のために資金を導入しつつも、自らの学術的誠実性を確保するという困難な課題を解決することが必要となります。実際には大学ごとに対応は異なっています。たとえば、MIT の場合は、政府資金のなかでも軍事研究（とくに空軍関係の研究が中心となるもの）に関わる部分は、本キャンパスとは別の場所に所在しながらも、MIT に運営が任されているリンカン研究所において実施することによって厳格な区別を設けることとしていますが、そのような形の区別をつけていない大学も存在しています。企業が「スポンサー」となって大学の研究者が実施する研究についても同様の状況にあり、いずれの場合においても、大学が倫理委員会を設けるなどとして外部機関との契約内容の点検、実施に責任をもつ体制となっており、その体制が、大学という機関の成果に相応しい学術的誠実性の確保を可能とするように設計されています。

　これ以外にも、大学が学術的誠実性を試される局面は数多く存在しています。以上で述べた政府による研究資金助成と大学の自律的な判断との緊張関係に関わるものだけでなく、たとえば、行政機関と大学との間の連携によって、前者の職員の研修を大学が実施することや、大学における教育をより実際的なものにするために、企業や行政機関の職員を大学教員として雇用するような場合に、研修を受ける職員や取り決めに基づいて一時的であれ教育の実施者となる職員について、学術的な妥当性、すなわち入学者や教員の資格

条件として大学が期待している水準に達しているかの基準の適用を「免れ」ている可能性がありえます。この状況では、大学の学術的誠実性が脅かされている可能性があり、大学としてはなんらかの対応か説明が必要となることでしょう。

教育における学術的誠実性

　教育という環境にあるがゆえに許容されるないし罰せられる行為、学習成果を確認するための試験における「不正行為」、さらに、カレッジスポーツ等への配慮に起因して生じえる教育の学術的水準の低下について、ここでは議論します。

　「親代わり（In loco parentis）」原則について ── アメリカ合衆国においては、いわゆる"In loco parentis"すなわち、教育機関による「教育的配慮」（＝家父長主義）には倫理的な根拠があるかという問題が19世紀から議論され、そのような配慮の妥当性が問題となっています。高等教育機関は、教育機関であるという理由で、一般社会における規則よりも厳しい規則、あるいは一般社会における規則よりも緩い規則を設けていることがありますが、そのような規則を設け、運用することが許されるかという問題です。たとえば、高等教育機関には、国によって年齢の規定は異なるものの、多くの場合「成人」とされる学生が所属しています。にもかかわらず、たとえば典型的には学生寮におけるように、「門限（帰寮の制限時刻）」が設定され、破ると制裁が加えられることになっている場合が多くあります。このような規則は、普通は、学生の学業のための配慮ですが、（とくに成人である）学生にとっては、一般社会であれば許されることが禁じられていると理解することになっても仕方がないでしょう。このような規則の背後にある考え方が、学校が教育を行うという立場をもつゆえ独自のルールを制定、運用できるという「親代わり」が原則です。

　他方で、教育機関内における行為のうち、一般社会でその実行を摘発されたら法律違反となるものについて、教育的配慮から「注意で済ます」ことがあります。たとえば、飲酒、バンダリズム、そして（飲酒の強制を含む）一部のハラスメントは、それらの行為が発覚しても、警察には通報されない場合もあります。すなわち、教育的配慮からの温情といえるような措置であり、

機関が法的権限が明示されていないのに裁量しています。このような措置の妥当性はどこに由来するのでしょうか。

Hoekema[27] は、高等教育機関におけるこのような「親代わり」という特性を、表 3 -13に示した要素からなると分析しています。合衆国においては、このような要素からなる「親代わり」原則は、1970年代から1980年代に大学進学率が上昇していくにつれて著しく弱まったと報告されており[27]、とくに、その変化を示す司法的判断は、1979年（昭和54年）第 3 巡回法廷における Bradshaw vs. Rawlings に係る控訴審の判断であったとされています。

表 3 -13　高等教育機関における「親代わり」という特性の要素[27]

① 高等教育機関が学生の行動を「導く」権威を有していたこと。
② その結果として、高等教育機関は、そのような行動を導くために制定された規則を破るものに対して「罰する」権威を有していたこと。
③ 上記の 2 種類の権威を有しているがゆえに、「配慮する責任」を同時に有していたこと。
④ 規則を遵守させるために、一般社会における制約からある程度自由に学生の行動に介入し、とりわけプライバシーを侵害することが許されていた。

しかし、日本においては、「親代わり」原則は依然としてかなりの影響力をもっているとも観察することができます。たとえば、課外活動、合宿、新入生歓迎行事等の大学が管理する環境の下で事件が起きた場合には、大学が責任を問われることが十分に考えられます。とくに、顧問等の教員が一緒にいて制止しなかった場合でも、その教員の責任だけではなく、一般には安全配慮義務違反として大学の責任が問われることも十分に考えられ、実際にそのような訴訟も起きています。このような責任を大学に対して求めるならば、大学は、そのような事態が生じないように、一般の社会で当然とされる範囲を越えて厳格な規則を制定し、それを強制しようとするかもしれません。つまり、一般の社会では権利侵害ではないとして許容される行為が禁止されるということがありえることになります。その逆の場合、器物損壊や、場合によれば傷害となるような行為についても、上述したように注意で済ましてしまうような場合が考えられます。

合衆国において、大学において「親代わり」原則が次第に受け入れられなくなった状況を大学の「世俗化」とよぶとするならば、日本においては、そ

のような世俗化が進んでいないと理解できます。そのような考え方を示す司法的判断が判例の形で示されています。判断が示されたのは1977年（昭和52年）であり、やや古いものではありますが、同種の問題に関する最高裁レベルでの判断はこれ以降は見かけないこと、そして、この1977年という時期は合衆国が反対の方向に移行しようとした屈曲点（1979年）にあたることから、検討する意義は残っています。

　最高裁判所第三小法廷による昭和52年3月15日「単位不認定等違法確認請求」事件に対する判決(28)は、「一般市民社会の中にあつてこれとは別個に自律的な法規範を有する特殊な部分社会における法律上の係争のごときは、それが一般市民法秩序と直接の関係を有しない内部的な問題にとどまる限り、その自主的、自律的な解決に委ねるのを適当とし、裁判所の司法審査の対象にはならないものと解するのが、相当である」として、具体的には表3-14のように述べています。

表3-14　最高裁判所による「単位不認定等違法確認請求」事件に対する判決文抜粋

> 　大学は、国公立であると私立であるとを問わず、学生の教育と学術の研究とを目的とする教育研究施設であつて、その設置目的を達成するために必要な諸事項については、法令に格別の規定がない場合でも、学則等によりこれを規定し、実施することのできる自律的、包括的な権能を有し、一般市民社会とは異なる特殊な部分社会を形成しているのであるから、このような特殊な部分社会である大学における法律上の係争のすべてが当然に裁判所の司法審査の対象になるものではなく、一般市民法秩序と直接の関係を有しない内部的な問題は右司法審査の対象から除かれるべきものである。

　ここでは、大学設置基準、大学学則を引用しつつ、「単位の授与（認定）という行為は、学生が当該授業科目を履修し試験に合格したことを確認する教育上の措置であり、（中略）純然たる大学内部の問題として大学の自主的、自律的な判断に委ねられるべきもの」と判断しています。このように司法的にも承認された（日本における）一般的理解は、（日本においては）大学という「共同体」が一般社会では説明ができない規範を容認し、かつそれを強制することができると考えていることを示唆しています。このことが正しいとするならば、大学には、非常に大きな裁量が与えられているといってよいでしょう。もちろん、明白な権利侵害は一般の法律によって裁かれるべきも

のですが、大学が「学生の教育と学術の研究とを目的とする教育研究施設である」ことによって、限定的であるにせよ、自ら規則を定め、それを運用することに関する自律性は認められています。このことは、まさに、そのような教育と研究という学術的目的に基づいて、学術的な誠実性を維持するために、自らを律するべきであることが社会的に認められていると考えられます。

　カンニング ── 大学という部分社会が一般社会とは異なっている点の一つは、その構成員において、教職員と学生という明白な二分法があることでしょう。そして後者は、その身分を失うことについて、さらに別の二分法、すなわち、成功裡に卒業、修了するか、それに失敗するかという非常に大きな区別を認めた上で、この部分社会に参入しているということです。このことを決定づける立場の相違は、「試験」によって、これらのことが決定されるという一般的かつ法令的な理解です。すなわち、学生が卒業できるためには、学習によって一定の成果をあげることが求められ、成果をあげたか否かは、試験によって判定することとされています。したがって、その成果の判定は、「客観性および厳格性」が確保されたものでなければなりません。すなわち、高等教育における学習という学術的活動の成果の判定に求められる規範は、学術的な誠実性を保証するものでなければならないでしょう。

　そのような学術的誠実性を脅かす行為は、いわゆる「カンニング」、あるいは、一般に「不正行為」といわれるものです。具体的には、大学によって微妙な差異がありますが、いくつかの大学における学生に対して示している定めを要約すればほぼ共通しているといってよいでしょう。ただし、大学によっては必ずしも明文化してない場合もあり、いくつかの行為に関しては、いわば解釈によって不正行為であるのか否かが分かれる場合もありえると考えられます。多くの大学では、不正行為を類型化して、それに該当する場合には制裁を加えることを明文化しています。一般的には、「答案」の中にはいわゆる「レポート」も含まれ、また、定期試験の場合と、それを含みつつもそれ以外の学習成果評価方法の場合があります。また、「自分だけ」で行う不正行為と「他人を巻き込んで」行う不正行為とがあり、それぞれについて制裁の「厳しさ」が異なります。

　ここでは、それらを厳密に分析することは目的ではありません。これらの

行為が「不正行為」であるとされているのは、高等教育に関係する人びとが、これらの行為が学術的誠実性を脅かすものであると認識しているからであるということが重要です。すなわち、実際、高等教育（における成績評価）という文脈では、これらの行為が単に詐欺的あるいは欺瞞的であるから非難されているのではありません。学習成果の判定は、大学という学術機関の目的に則り、その判定が客観的かつ厳格に行われるべきであり、そうでなければ、大学という機関の社会的位置づけが損われるという意味で、不正行為は大学の学術的誠実性を脅かすゆえに非難されているのです。

　非難されるだけではなく、そのような行為が認識された場合には、当事者は大学という「部分社会」のルールによって処罰されます。その処罰の「厳しさ」については議論の余地はありますが、その程度は、学術的誠実性の確保という大学の自律的判断によってなされるべきであり、「一般社会」の常識のみによって決定されるものでないことは、すでに大学関係者のこれまでの実践が示しています。ただし、試験における不正行為を扱う際に注意すべき点は、入学試験における不正行為と、ここで論じている大学における学習成果の測定のための「試験」「レポート」における不正行為とは論理的には無関係であるということです。後者は、ここで論じているように学術的誠実性の担保という観点から論じるべき問題であるのに対して、前者は、（別種の教育機関を含む）いわば「一般社会」と大学との間の移行に関わる問題だからです。入学者の選抜のための大学の行為は、大学の構成員を選択することであって、学習成果を測定していたとしても、それは大学が提供した教育の質に結びつく学習成果の測定ではありません。入学試験における不正行為を、一般の社会的行為が従うべき法律等（たとえば、偽計業務妨害）によって告発したような行為には十分な根拠があると考えられます。

　このような考え方は、すでに大学の質保証においては一般的に共有されるようになっていると思われます。たとえば、大学改革支援・学位授与機構が行う機関別認証評価においても、教育課程の編成・実施に関する基準について判断する際の観点の一つとして、成績評価における客観性、厳格性を担保するための組織的措置が講じられているかを点検しています。現在の運用においては、学生の利益の保護を考慮して、教員による評価を大学が機関とし

てどのように管理しているかを中心に、成績分布による機関としての事後的点検やセーフティ・ネットとしての成績異議申立ての扱い等について確認していますが、その前提として、成績評価の実施が公正なものであること、すなわち学術的誠実性が実現しているべきであることはいうまでもありません。たとえば、イギリスの質保証機関（Quality Assurance Agency）においても、成績評価に関するガイドラインに「高等教育質保証における学術的水準と質を守る際の役割」と副題を付して、とりわけ若手教員の注意を喚起するように努めています[29]。

　「特別な配慮」　──　大学は、個別の行為を不正とするか否かとは別に、教育における学術的誠実性という観点から機関として大きなリスクを内含しています。たとえば、スポーツ選手に対する特別の取り扱いに関する問題です。とくにアメリカ合衆国では、「カレッジ・スポーツ」は20世紀初頭以来伝統的に、大学の役割の一つである人格の陶冶という観点から奨励されただけでなく、さらにその興業は大学にとって重要な収入源でもあり、よい成績をあげれば広く報道され、大学の名前が取り沙汰されることになり、知名度向上の道具になります。すなわち、大学にとって、スポーツ活動の振興は、大学機関の目的に適っていると判断してきたと思われます。

　しかし、スポーツ活動に参加する学生は、スポーツ選手としての能力向上に対して時間と努力を割く必要があるために、学術的な学習活動に費す時間を十分には確保できないことが予想されます。それに対して、大学としては、入学時、科目履修、成績評価、卒業判定について特別の扱いをしている場合があることが、たびたび報道されています[30]。これは他の学生からみれば明らかに不当ですが、それだけでなく、大学がそもそも学術の場であることを考えるならば、機関の本来の学術的な目的とは完全には一致しない体制を機関として実施しているといっても過言ではありません。このような事態が一般的であるとするならば、大学スポーツをプロスポーツと区別する重要な根拠を失うことになり、さらに大学の高等教育機関としての社会的存在意義に対して疑念を抱かせる原因となるでしょう。

　合衆国の場合には、すでに20世紀の初頭1906年にカレッジ間体育協会（Intercollegiate Athletic Association）が、そしてそれを発展させて1910年

には、全国カレッジ体育協会（National Collegiate Athletic Association, NCAA）が設立され、現在では会員校は1,200を超え、45万人以上の学生スポーツ選手に対する支援と規制を行い、大学コミュニティの自主的な規律を確立してきました。NCAA は、一方では大学スポーツの興業をほぼ独占的に管理して、バスケットボールからの収益を中心として1,000億円規模の巨大な財源を確保し、さまざまな就学支援を行うとともに、その規律の維持のための活動を行っています。それにもかかわらず、依然としてさまざまな報道に見られる事件・状況は残存していますが、それらに対して、機関単位から個人に至る、さまざまな制裁措置が規定されています。これらの仕組みは、大学スポーツを大学の学術的目的に沿って実施するためのものであり、高等教育における学術的誠実性の担保を目的としているということができます。

　日本においては、このような組織は存在していません。さらに、井上ら[31]は、学生連盟組織がそれぞれの種目ごとの協会等に分散して所属し連携がないこと、大学内においても、学生支援を担う事務組織が課外活動として管理するだけであり、種目ごとに学生の自治によって運営される場合が多く、とくに経済的活動に関しては大学がほとんど関与していないこと、指導者の資格が不明確であるだけでなく、その雇用形態について全く統一性がないこと、「学生選手」であることの資格、条件についても種目を越えた了解がないことを指摘しています。この指摘によれば、現在の日本においては、学生スポーツに関しては、ほぼ成り行き任せの状況にあるといってもよいでしょう。とくに、大学スポーツの振興が大学の学術的目的を脅かさないための措置は、どのレベルにおいてもとられていないと理解することができ、大学という機関の学術的誠実性に対するリスクの一つとなっていると考えられます。

大学評価における公正性への取組

　高等教育の質保証は、現在、どの国においても、一定の規制または自律として実施されていますが、規制緩和という時代的風潮の中で、その規制の徹底、自律の規範性が脅かされている局面が報告されています。たとえば、水準を満たさない学位を授与するいわゆる「ディグリー・ミル」に対する規制ないし自律の方策や、質保証そのものの水準の維持を脅かすいわゆる「アクレディテーション・ミル」等の問題があります。

　ディグリー・ミル ── 　大学が学術的に誠実であるかを問われる状況が生じています。すなわち、大学が授与する学位への社会的信用が損われる可能性の発生です。これまで、その社会的信用は、信用を保持するための公的、私的な諸制度を提案・実現し、それを社会的に許容することによって維持されてきました。それらは総称して、高等教育質保証とよばれています。その方式は、社会、文化によって多様ですが、信用が毀損される可能性は、およそ二種類の原因によって生じています。第一には、それらの制度的担保を掻い潜って、本来であれば制度的に排除されるはずの機関が学位を授与している場合であり、第二には、それらの制度そのものへの信頼が失われる場合です。

　第一の場合は、すでにたびたび指摘されるようになっています。一般に「ディグリー・ミル（degree mill）」または「ディプロマ・ミル（diploma mill）」とよばれる機関は、一言でいえば似非大学です。すなわち、大学としてのしかるべき活動をしていないにもかかわらず、ほとんどの場合一定の金銭的対価を支払った人に対して「学士（bachelor）」とか「博士（PhD）」という学位を「授与」する組織、団体、あるいは（団体と偽る）個人です。学位の所持が、一定の雇用、あるいは社会的信用につながる場合には、その対価は経済的には正当化することができますので、妥当な「価格設定」が行われれば、そのような団体は経済的にも成立しえると考えられます。

　しかし、学位を授与すると称していても教育の実態がないのであれば、授与されたと称せられる学位に有効性がないことは自明であり、かつ、そのような機関は、「本来の」大学コミュニティからは排除されていなければなりません。しかし、大学と称するための公的基準がないような国（たとえば、アメリカ合衆国、第三部第1章第1節、p.93）の場合、あるいは、高等教育はどの国でも歴史的経緯を経て制度整備がなされてきた経緯があるために相互にその状況が認識しにくい外国の機関名称の場合には、大学コミュニティから排除されているか否かすら確認が困難となる場合があります。実際、ディグリー・ミルであるおそれのある団体のリストをブラックリストとして作ってもすぐに数百団体をあげることが可能です。たとえば、Wikipediaで、"List of unaccredited institutions of higher education" の項目を参照して

みてください。しかし、ブラックリストに載っていないことがディグリー・ミルでないことの証明になることもありません。

　オンライン教育の発達によって、このようなディグリー・ミルと信頼できる遠隔教育機関との区別がつけにくくなっています。オンライン教育の発達は、教育の機会の増進という観点からは高く評価するされるべきものですが、他方で、その質を保証すること、とくに、保証するためにかかるコストと保証されていることを明らかにする利益とが見合うものであるかを判断することが困難であるために、ディグリー・ミルが今後も生れてくることは容易に予想されます。

　このような学術的誠実性を欠く商業行為を排除していくことは、世界の高等教育にとって非常に重要な課題となり、また、その解決が学術的誠実性の維持のための不可欠の前提です。

　アクレディテーション・ミル ——　高等教育の質保証の制度的確立だけでは、期待される学術的誠実性の担保が実現できないことも複数の理由から明らかになりつつあります。第一の理由は、上述で指摘したようにブラックリスト、すなわち、ディグリー・ミルのリストを作成しても、それが真に網羅的であることを保証することが困難であるということです。第二の理由は、高等教育の質保証を実施する機関そのものについても、適切な質保証活動の実態なしに高等教育機関を評価、認証、認定、適格判定すると称する機関（アクレディテーション・ミル）が生まれつつあるという状況です。

　高等教育機関ないしプログラムの質の保証は、あらかじめ一定の基準を設け、その基準に適合するか否かを文書あるいは現地調査によって確認する作業を含んでいるものと考えられます。その作業のための費用は、（国等の公的機関が保証を与える場合には例外はあるものの）保証を受ける側の負担となっていますが、実際には、何らかの支払いをするだけで、機関やプログラムの質を確認できたという趣旨の「証明書」を発行する団体が生まれています。たとえば、アメリカ合衆国の認証評価機関が構成する団体である高等教育アクレディテーション評議会（Council for Higher Education Accreditation, CHEA）のウェブページには、「適格認定が購入可能となっているか」「なんらかの上位機関からの認定の事実を公表しているか」「基準が公表されてい

るか」等の判断基準が紹介されています[32]。

　しかし、そのような方式による排除は、同業者による業界の構築にも等しいものであり、高等教育の質保証について異なる考え方をもち、一定の社会的支持を得た団体がその考え方を掲げて、既存の団体と競争することもありえます。したがって、現在の状況においては、高等教育の質保証に関して一定の合意をもつことがまず必要であることになります。

　評価機関の社会的責任 ── このような認識は、高等教育の質保証に従事する機関によって世界的な規模で共有されています。たとえば、アメリカ合衆国の大学評価団体の協議組織であり、連邦教育省から連邦による高等教育助成における重要な役割を託されている上記の CHEA は、ユネスコと協力して、2016年 6 月に『効果的な国際的実施のための勧告声明──腐敗と戦い誠実性を増進する：高等教育の質と信頼性に対する現代的な課題（Advisory Statement for Effective International Practice Combatting Corruption and Enhancing Integrity: AComtemporary Challege for the Quality and Credibility of HigherEducation）』を発表し、世界の高等教育全体を訴求対象としつつ、とりわけ質保証団体への警鐘を発しました[33]。その前提として、高等教育の社会的機能における比重が、単に学術的な価値の生産と継承だけでなく、雇用可能性の増大に偏りつつあることから、もっぱら五つの学術的な機能（教育組織、学生受け入れ、成績評価、学位・資格の授与、研究成果発表）の確保に注目して不正と戦うための方策を提案しています。この構成が、本節の構成要素と共通していることはわかりやすいと思われます。すなわち、学術的な腐敗との戦いとは、学術的誠実性の維持のための営為にほかならず、それを再度強調する必要があることは、質保証機関そのものの自覚を促すことが必要であることを再認識しなければならなくなっていることを示唆しています。

　このような活動を受けて、インドの代表的な質保証機関である全国評価認証評議会（National Assessment and Accreditation Council）が主催した国際会議では、参加者の合意で採択した「ベンガルール声明」（2016年 9 月）の中で、「4.4　質保証における価値観と倫理的実践の推進」の項目を設け、表 3 –15のように宣言しています[34]。

表3-15　インドの質保証機関（NAAC）が主催した国際会議で採択された「ベンガルール声明」の抜粋

質保証におけるすべての関係者の間で、ディグリー・ミルやアクレディテーション・ミルがつきつける課題および高等教育における腐敗と不正に取り組むために学術的誠実性、透明性、責任と関与を増進することが必要であり、質保証団体と高等教育機関は、質保証における価値の方向性と倫理的実践を強化するための倫理的綱領を維持することが望ましい。

《注》

（1）　大学の教育面における国際化とその質保証に関する調査報告書（2012）http://www.niad.ac.jp/n_shuppan/project/no9_c2013013101.pdf（アクセス日：2017年2月15日）

（2）　川口昭彦著、独立行政法人大学評価・学位授与機構編集『大学評価文化の展開―わかりやすい大学評価の技法』大学評価・学位授与機構大学評価シリーズ、ぎょうせい、2006年、pp. 41-75

（3）　小方直幸（2015）「政府と大学の自治：教員養成分野のミッションの再定義」高等教育研究 18 pp. 171-190

（4）　独立行政法人大学評価・学位授与機構編集『大学評価文化の定着―日本の大学教育は国際競争に勝てるか？』大学評価・学位授与機構大学評価シリーズ、ぎょうせい、2010年、pp. 170-199

（5）　大学評価・学位授与機構研究開発部（2015）「教育・研究水準の学系別評価基準のあり方にかかる調査研究報告書―学系別の教育・研究水準の評価にかかる参考例」http://www.niad.ac.jp/n_shuppan/project/__icsFiles/afieldfile/2016/01/20/no09_nr15-1-0903.pdf（アクセス日：2017年2月15日）

（6）　川口昭彦著、一般社団法人専門職高等教育質保証機構編『高等職業教育質保証の理論と実践』専門学校質保証シリーズ、ぎょうせい、平成27年、pp. 159-163

（7）　川口昭彦著、一般社団法人専門職高等教育質保証機構編『高等職業教育質保証の理論と実践』専門学校質保証シリーズ、ぎょうせい、平成27年、pp. 166-168

（8）　川口昭彦著、一般社団法人専門職高等教育質保証機構編『高等職業教育質保証の理論と実践』専門学校質保証シリーズ、ぎょうせい、平成27年、pp. 163-166

（9）　Standards and Guidelines for Quality Assurance in the European Higher Education Area（ESG）（2015）http://www.enqa.eu/index.php/home/esg/（アクセス日：2017年2月15日）

（10）　大学評価・学位授与機構（2016）「我が国における大学教育の分野別質保証の在り方に関する調査研究報告書」http://www.niad.ac.jp/n_shuppan/project/__icsFiles/

afieldfile/2016/07/14/no09_nr16-0714.pdf（アクセス日：2017年2月15日）

(11)　グローバル人材育成推進会議中間まとめの概要（2011）http://www.meti.go.jp/ policy/economy/jinzai/san_gaku_kyodo/entaku 2 /1320909_16.pdf（アクセス日：2017年2月15日）

(12)　Asia University Rankings（2016）https://www.timeshighereducation.com/world-university-rankings/2016/regional-ranking#!/page/ 0 /length/25/sort_by/rank_label/sort_order/asc/cols/rank_only（アクセス日：2017年2月15日）

(13)　本調査では、半構造化面接手法を用いることにより、ヒアリング対象者の顕在化していない認識を引き出すことを狙いとし、分析についてはヒアリング対象者の全回答内容をテキストデータとして、テキストマイニング手法を用いた。文章中における記載の割合（%）は、分析対象事項に関するテキストデータが全（または、一部の）テキストデータ中に占めた割合を意味し、分析対象事項に関する回答人数の割合ではない。

(14)　OECD（2013）OECD Skills Outlook 2013: First Results from the Survey of Adult Skills, OECD Publishing. http://dx.doi.org/10.1787/9789264204256-en（アクセス日：2017年2月15日）

(15)　Kiyoko Saito & Kim SoungHee（2017）Maturity Level of Quality Assurance for Cross Border Higher Education in Japan, Proceedings of Annual Conference of CIES 2017, The Comparative and International Education Society 2017（in press）

(16)　大学機関別認証評価および国立大学法人教育研究評価は、プログラムや取組自体が対象ではなく、事業の直接的な外部評価とはなっていないため、本分析では第4クラスターとしては分類していない。

(17)　第4段階は外部質保証の取組のため、パートナー校との協働状況の分析対象には当たらないため本分析から外した。

(18)　マックス・ウェーバーの intellektuelle Rechtschaffenheit（英訳では、intellectual integrity）はこの問題の一部に触れているが、すべての包摂するものではない。このことから、「知的」と「学術的」としてその差異を明示することによって、これらの様相の歴史的背景を確認したい。

(19)　これらの倫理規範は、さまざまな形の「宣言」「倫理綱領」「行動規範」として学会、専門職能団体、研究資金提供団体等によって提唱されているが、ここでは、D.B. Resnik（2015）がそれらを概括したリストを引用している（http://www.niehs.nih. gov/research/resources/bioethics/whatis/　アクセス日：2017年2月15日）。倫理的制約というよりも科学者の研究活動の理念型を提示するものとして有名な R.K. Merton（1942）による Cudos、すなわち科学の集団性（Communism）、普遍性（Universalism）、（対外的）脱私利私欲（Disinterestedness）、体系的懐疑主義（Organized skepticism）の特徴づけも、これらを規範的に理解すれば科学活動に対する規範的制

約であると考えることができる。

(20)　このガイドラインを承けて、大学改革支援・学位授与機構が行う大学機関別認証評価においては、大学院の研究指導における研究不正防止のための教育、学位審査における研究不正防止のための措置について確認するように努めている。

(21)　この状況は、大学機関がその内部組織の新設・改変について一定の範囲内ではあるものの、自ら決定し、実施することができるようになったという意味では、諸外国における自己認定権（self-accreditation）に相当する権能をすべての大学が獲得しているとも考えられる。

(22)　この意味での研究者同士によるピア・レビューという評価方法は、研究成果発表のための事前点検だけではなく、研究費助成申請に対する審査や、大学関係者同士で評価する大学評価等においても一般的なものとなっている。

(23)　Shatz, D. (2004) "Peer Review, A Critical Inquiry" Rowman & Littlefield Publishers, Inc.

(24)　Code of Conduct and Best Practice Guidelines for Journal Editors, http://publicationethics.org/files/Code%20of%20Conduct_2.pdf（アクセス日：2017年2月15日）

(25)　Bush, V. (1945) "Science: The Endless Frontier" United States Government Printing Office, Washington

(26)　Lowen, R.S. (1997) "Creating the Cold War University: The Transformation of Stanford" University of California Press, p. 115

(27)　Hoekema, D.A. (1944) "Campus Rules and Moral Community: In Place of In Loco Parentis" Rowman & Llittlefield Publishers, INC. pp. 27-29

(28)　裁判所　http://www.courts.go.jp/app/hanrei_jp/detail 2 ?id=56314（アクセス日：2017年2月15日）民集　第31巻2号234頁

(29)　QAA (2012) Understanding assessment: its role in safeguarding academic standards and quality in higher education（A guide for early career staff)

(30)　たとえば、近年でも大きく報道された事件としては、2010年から2011年にかけて、研究的にも評価の高いアメリカ合衆国のノースカロライナ州立大学チャペルヒル校において、フットボール選手をプロリーグにリクルートするスポーツエージェントと運動競技部（Athletic Department）との不適切な関係がパーティの開催に関するツイート等によって発覚しただけでなく、フットボール選手が受講、単位取得しやすい内容、実施方法の科目を特定の教員が設置、担当し、卒業を容易にしていたことがある。この事件はいわば「組織ぐるみ」というべき状況であったので大きく報道され、前者についてはNCAAによって調査、制裁が行われている。日本でも、複数の著名なプロ野球選手からも、大学在学中に「勉強しないことが許された」というような趣旨の発言が記録されていることは周知のことであろう。

(31)　井上功一、入口豊、大久保悟（2010)「日本の大学競技スポーツ組織に関する一考察」
大阪教育大学紀要（第IV部門）、第59巻第1号、pp. 1 -12

(32)　CHEA http://www.chea.org（アクセス日：2017年2月15日）

(33)　CHEA/CIQG and UNESCO（2016)"Advisory Statement for Effective
International Practice Combatting Corruption and Enhancing Integrity: A
Contemporary Challenge for the Quality and Credibility of Higher Education"
http://www.chea.org/pdf/advisory-statement-unesco-iiep.pdf（アクセス日：2017年
2月15日）

(34)　Bengaluru Statement – 2016 on Quality Assurance of Higher Education（2016）
http://www.naac-gqs2016.com/bangalore_release.html（アクセス日：2017年2月15
日）

参考文献・資料

基本的な資料

・川口昭彦著、独立行政法人大学評価・学位授与機構編集『大学評価文化の展開—わかりやすい大学評価の技法』大学評価・学位授与機構大学評価シリーズ、ぎょうせい、2006年

・独立行政法人大学評価・学位授与機構編著『大学評価文化の展開—高等教育の評価と質保証』大学評価・学位授与機構大学評価シリーズ、ぎょうせい、2007年

・独立行政法人大学評価・学位授与機構編著『大学評価文化の展開—評価の戦略的活用をめざして』大学評価・学位授与機構大学評価シリーズ、ぎょうせい、2008年

・川口昭彦著、独立行政法人大学評価・学位授与機構編集『大学評価文化の定着—大学が知の創造・継承基地となるために』大学評価・学位授与機構大学評価シリーズ、ぎょうせい、2009年

・独立行政法人大学評価・学位授与機構編著『大学評価文化の定着—日本の大学教育は国際競争に勝てるか？』大学評価・学位授与機構大学評価シリーズ、ぎょうせい、2010年

・独立行政法人大学評価・学位授与機構編著『大学評価文化の定着—日本の大学は世界で通用するか？』大学評価・学位授与機構大学評価シリーズ、ぎょうせい、2014年

・川口昭彦著、一般社団法人専門職高等教育質保証機構編『高等職業教育質保証の理論と実践』専門学校質保証シリーズ、ぎょうせい、2015年

独立行政法人大学改革支援・学位授与機構ウェブサイト

URL：http://www.niad.ac.jp

評価事業関係ウェブサイト

http://www.niad.ac.jp/n_hyouka/

調査研究関係ウェブサイト

http://www.niad.ac.jp/n_chousa/

出版物関係ウェブサイト

http://www.niad.ac.jp/publication/

一般社団法人専門職高等教育質保証機構ウェブサイト

URL：http://qaphe.com

あとがき

　大学（大学院を含みます。）、短期大学、高等専門学校に認証評価制度が導入されて、10年以上経過し、「第三者機関による教育研究の質保証」という文化は、高等教育制度の中に定着しました。かつては、高等教育機関における教育は、教員個々の興味・関心や能力を中心としたいわゆる「知の共同体」によって進められていました。しかし、今や、「組織としての教育力」が問われる時代に突入しています。もちろん、教員個々の教育力が基本であり重要であることには変わりありませんが、「知の協働・経営体」としての高等教育機関が求められています。

　このような国際的な流れの中で、高等教育機関は、社会の多様なニーズに応える教育研究を提供するとともに、機関としての一定の水準を維持することが重要です。一定の水準を維持した上で、各機関は、教育研究について自らの理念をもち、その理念を実現していくための目標を明確にすることが求められます。このような立場から、選抜、教育、卒業の各段階における目標の具体化として、ディプロマ・ポリシー、カリキュラム・ポリシー、アドミッション・ポリシーの三ポリシーを一貫性をもって策定し、公表することが、学校教育法施行規則によって、大学、短期大学、高等専門学校に義務づけられました。本来であれば、三つのポリシーは、法令で義務づけられて設定するものではなく、各機関が自らの意思で策定・公表しなければならないものです。

　さらに、目標として掲げた成果（アウトカムズ）が得られているかを絶えず点検しながら、期待した水準が維持されているかを評価しつつ、諸活動の質改善・向上に努める体制が必要です。このために、教育機関全体としての共通の評価方針（アセスメント・ポリシー）を確立した上で、学生の学習履歴の記録や自己評価のためのシステム開発、アセスメント・テストや学習行動調査等の具体的な学習成果の把握・評価方法の開発・実践、これらに基づく厳格な成績評価や卒業認定等を進めることの重要性が強調されています。

　このような方向性の下で、機関別認証評価の第三巡目においては、二巡目

まで以上に、「内部質保証システム」の機能状況および意図している「学習成果」の達成状況を評価することになります。高等教育がユニバーサル段階に達した現在、各機関は一定の水準を維持した上で、それぞれ個性豊かな教育を実施して、多様な人材を育成して社会に送り出すことが熱望されています。大学改革支援・学位授与機構は、このような社会の要望に応えるために活動しており、本書が、その一助となることを期待しています。

　本書を発刊するにあたって、大学改革支援・学位授与機構の研究開発部と評価事業部の教職員の方々、機構外の多くの方々のご協力をいただきました。心からお礼申し上げます。また、機会あるごとに、貴重なご意見をいただいた、機構の評議員、運営委員、評価担当者の方々にも感謝の意を表したいと思います。最後に、本書を出版するにあたり、㈱ぎょうせいにはお世話になり、心よりお礼申し上げます。

執筆者等一覧

井田　正明（研究開発部・教授）		第三部第2章第1節
岡本　和夫（理　事）		編集協力
川口　昭彦（顧問・名誉教授）		まえがき、第一部、第二部第1章、第2章、第3章第1節、第3節、第三部第1章、第2章第3節、あとがき
齋藤　聖子（研究開発部・客員准教授）		第三部第3章第2節
土屋　俊（研究開発部・教授・幹事）		第三部第3章第3節
永田　敬（研究開発部・教授・主幹）		第二部第3章第2節
林　隆之（研究開発部・教授）		第三部第3章第1節
福田　秀樹（機構長）		編集協力
吉武　博通（研究開発部・客員教授）		第三部第2章第2節

大学改革支援・学位授与機構高等教育質保証シリーズ

グローバル人材教育とその質保証―高等教育機関の課題―

2017年4月20日　第1刷発行

編　著　　（独）大学改革支援・学位授与機構

印　刷
発　行　　株式会社ぎょうせい

〒136-8575　東京都江東区新木場1-18-11
電　話　編集　03-6892-6508
　　　　営業　03-6892-6666
フリーコール　0120-953-431
URL：https://gyosei.jp

〈検印省略〉

ISBN978-4-324-10284-8
（5108321-00-000）
〔略号：教育質保証（人材）〕